简简单单教语文

支玉恒 著

中国人民大学出版社
· 北京 ·

图书在版编目（CIP）数据

简简单单教语文 / 支玉恒著. —北京：中国人民大学出版社，2018.4
ISBN 978－7－300－25682－5

Ⅰ. ① 简⋯ Ⅱ. ① 支⋯ Ⅲ. ① 小学语文课—教学研究 Ⅳ. ① G623.202

中国版本图书馆CIP数据核字（2018）第069272号

简简单单教语文
支玉恒 著
Jianjiandandan Jiao Yuwen

出版发行	中国人民大学出版社		
社　　址	北京中关村大街31号	邮政编码	100080
电　　话	010－62511242（总编室）		010－62511770（质管部）
	010－82501766（邮购部）		010－62514148（门市部）
	010－62515195（发行公司）		010－62515275（盗版举报）
网　　址	http://www.crup.com.cn		
经　　销	新华书店		
印　　刷	北京华宇信诺印刷有限公司		
开　　本	720 mm × 1000 mm　1/16	版　　次	2018年4月第1版
印　　张	12　插页1	印　　次	2025年6月第5次印刷
字　　数	170 000	定　　价	39.80元

CONTENTS 目录

代序　印象支玉恒

早春三月，飞花点翠，几场如酥春雨后的省城武汉正是“绿杨烟外晓寒轻，红杏枝头春意闹”！全国著名小学语文教育专家新课程标准下的教学观摩指导研讨会在武汉召开。全国著名语文教育专家通过现场示范课、讲座、研讨交流等形式帮助一线语文教师在课堂教学中落实新课程标准的理念，切实提高教师的教学水平。其中，支玉恒老师其人其课，给我留下了格外深刻的印象。

知其人

支玉恒老师 1939 年出生于河北省张家口市，1959 年从河北省体育学校毕业后到小学教体育。 1977 年，年近 40 岁的他改教语文。当时，他连汉语拼音都认不全，于是虚心地向低年级的老教师求教。踢球多年的他，脚很灵活，用手写字却很费劲儿。于是，他苦练三年，无论是写教案、改作业，还是批作文、写总结，均用小楷毛笔书写。虽然语文教学起步较晚，然而他以勤补缺，刻苦钻研。天道酬勤，他最终成为全国小学语文名师。

作为全国名师，支老师在教学技艺上已是炉火纯青。这次，当七十多岁的他，带病却精神抖擞地站在我们面前，站在学生面前时，我们每个人的心灵都被深深地触动了！在他的课堂上，我们感受到了他对祖国语言文字的热爱之情。正是有了这份浓浓的爱，他才创造了“简简单单教语文，平平实实更有歌”的教学境界。

观其课

没有场景的布设，没有课件的渲染，没有音乐的播放，甚至没有图片的呈现，有的只是一支粉笔、一块黑板，学生活跃的思维在老师的巧妙点拨下，贯穿整个课堂，他们兴趣盎然地完成了一个又一个的任务，这就是支玉恒老师的课堂留给我的印象。

第一，支老师的课堂是智慧的课堂。

支老师说过，语文课要“用语文的手段解决语文的问题”。《晏子使楚》这篇课文篇幅较长，支老师在教学中设计了三大步骤，引导学生从整体上感知全文，细知全文。第一步，支老师板书课题后，引导学生讨论“使”字的含义。本课的“使”意为“出使”，就是指一个人代表一个国家去访问另一个国家。第二步，支老师提问：“本课写的是谁？代表什么国家？去访问哪个国家？主要会见了谁？”学生得出“晏子代表齐国去访问楚国，主要会见了楚王”的结论。第三步，支老师提问：“晏子到达楚国后，始终受到楚王什么样的‘接待’？晏子是怎样对付的？结果怎样？”这使学生认识到，晏子到达楚国后，始终面对楚王的侮辱，而晏子每次都进行了巧妙的反驳，每次都完全战胜了楚王，最后使楚王对他“不敢不尊重”。同时，支老师完成了如下板书：

晏子（齐）←不敢不尊重←楚王
↓　　　　　　　　　　　↑
面对侮辱→巧妙反驳→完全战胜

这个板书全面、准确地概括了课文的内容，也含蓄地点出了中心思想——晏子用自己的聪明才智为国家争得了荣誉，维护了国家的尊严，这就更有助于学生对课文的深层理解。更可贵的是，支老师在这节课中不去刻意地做什么，不加斧凿，不露痕迹，愈是这样，愈显得他的课堂从容、大气、淡定、睿智。

第二，支老师的课堂是幽默的课堂。

支老师根据课文的特点，精心设置了课堂表演环节，并在学生表演前给他们充分的阅读和准备时间。在支老师风趣幽默的点拨指导下，机智善辩的晏子和狂妄无礼的楚王形象活脱脱地展现在师生面前，课堂活跃、灵动而精彩。

这节课后，我一直在反思：我们始终在提倡有效课堂、高效课堂，可是何为高效？简洁、流畅的教学风格，令人陶醉的教学艺术，和谐、民主的教学氛围，所有的一切似乎都在说明一个道理——有智慧的老师，才能创造出有活力的课堂，才能创造出高效的课堂。

悟其言

支老师的课堂是工具性和人文性有机统一的课堂，他主张语文教学要体现出让学生“得文、得意、得言、得法”的特点。学生从整体上把握教材，即为“得文”；感悟文本的情理、意趣，即为“得意”：品味其字词句章的运用之妙，即为“得言”；通过学习文章掌握了写作方法，即为“得法”。

支老师遵循语文教学的规律，把握语文教学的根，披文以入情，内化精神；情动而辞发，外化语言。他的语文教学在“言”与“意”的互转中得到了一种水乳式的交融，这才是真语文！

践其行

支玉恒老师在他的一本书的“自述”中写道：

呱呱塞北，足迹八方。
一生从教，两鬓披霜。
迷恋语文，几近癫狂。
捧读佳作，如饮醇浆。
段句评点，字字端详。

孤灯伏案，不知漏长。
一为学子，护花存香。
二留私念，自赏孤芳。
友人相劝，珍而莫藏。
谨遴百篇，付梓包装。
别无他意，求教大方。

此次有机会走近支玉恒老师，我不仅得到了诸多教学上的启迪，更感受到了名师的人格魅力和理想追求，也意识到了一名优秀的语文教师应是永不枯竭的海洋，应有渊博的知识、饱满的热情、横溢的才华、只争朝夕的精神！我收获的不仅仅是名师的教育智慧和理念、教学的精彩与真诚，更多的是一种锐意进取的人生态度！

湖北省荆州市沙市北京路第一小学／佘琼

第一辑

本色语文理当然

用语文的手段解决语文的问题

在一些语文课上经常见到一些现象，暂且称为“非语文现象”。

语文课堂上的非语文现象

有一位老师讲《詹天佑》，在讲到“设计了一种‘人’字形线路”这段课文时，让学生读了一遍，然后问学生：“读懂了没有？”学生说：“不懂。”这位老师说：“没关系，大家看这里。”于是，老师打开了课件。课件是一段很精美的动画，呈现了一列火车前后各挂着一个会冒烟、会鸣笛的火车头，由山下开上了山坡的情景。动画播放完了，老师又问：“火车怎样沿人字形线路开上了山，现在懂了没有？”学生说：“懂了。”于是，这段课文就讲完了。

有一位老师讲《雪地里的小画家》。学生读了一遍课文后，老师问：“谁知道还有什么动物会在雪地上画画？到黑板上来画。”于是，学生一窝蜂似的站到黑板前，你推我挤、杂乱无章地画了一黑板的爪子印、蹄子印，用了15分钟。然后老师又按照课文顺序讲解了内容，表扬了学生画得很好后就下课了。

还有的老师将诗词谱曲（或套用现成的曲谱）演唱课文，一唱就是半堂课。

这些例子可能过于典型，但它们都体现了一个共同的特点：这些老师上语文课依靠的不是语文的方法。他们或是依赖多媒体动画，认为学生只要看懂了，就是读懂了；或是以为学生学会了画蹄子印，就读懂了《雪地里的小画家》；或是以为学生能按乐谱把诗词唱出来，就领会了诗词的情感和意境。以上做法的根源在于，这些老师以为学语文就是学习课文，学生理解了课文内容（有的甚至连课文内容也没有理解），老师就完成了阅读教学的任务。

我们说，阅读教学的目的，是让学生在充分阅读的基础上，理解、感悟、品味、揣摩语言，体会情感，认识世界，认识人生，提高阅读能力，并学习语言的表达方式。当然，在这一过程中，学生自然就理解了课文内容。如果阅读教学的目的仅仅是让学生理解课文内容，还要改革干什么？老师靠满堂灌、满堂讲、满堂问，也能完成这样的任务。

上述这些做法，因为没有使用语文的手段，所以它们所能解决的也不是语文的问题。教师没有引导学生深入学习语言文字，而只在语言文字的外围打游击，或是干脆用一些非语文的操作代替了对语言文字的学习。语文学科不同于其他学科的一个重要特征，是语文学科学习的直接对象是语言的形式，是语言本身（而其他学科学习的对象都是语言所表达的内容）。要学习语言，就得充分而深入地去读、思，在读中去理解语言的内涵，领会语言的韵味，体会语言的情感，感悟语言的哲理，揣摩语言的规律，从而掌握语言这一表情达意的工具。离开了对语言的学习，就无法真正学会语言。一句话，要在语言实践中提高语言实践的能力，亦即“在游泳中学会游泳”，也就是用语文的手段解决语文的问题。

什么是语文的手段

最简单、最通俗地讲，听，说、读、写就是最基本的语文的手段。

另一位老师在讲《詹天佑》同一段落时，让学生在充分阅读课文的基础上，讲火车是怎样上山的。老师随手在黑板上画了一个简单的人字形线路图，先是让学生上讲台拿教鞭指着图说。因为能指着图说，所以学生们完成得并不困难，用了不少“这里”“那里”“这个”“那个”的代词，表达得还算清楚。然后，老师又要求学生站在座位上说。这次不能指图了，那些代词就指代不清了。老师让学生想办法，有的学生给图上的各个点起了名字，或用了代号，如图所示：

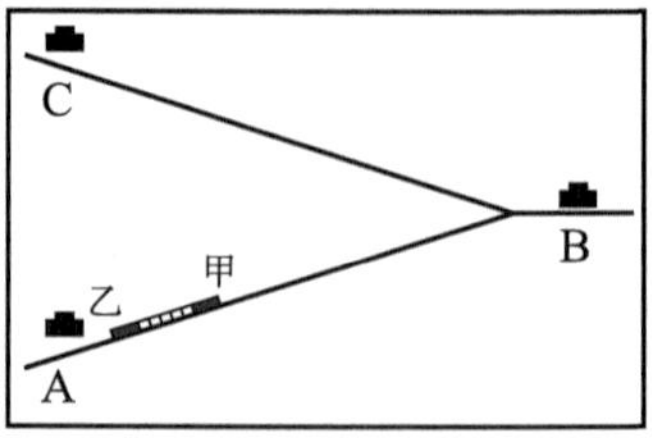

这样一下子就能说清楚了：一列火车由甲火车头拉，乙火车头推，从A站出发，沿着人字形线路的“一捺”开往B站。火车到B站后停下，再开时，由乙火车头拉，甲火车头推，沿着人字形线路的“一撇”开往C站。由于人字形线路减缓了坡度，火车就上山了。就这样依靠“说”（语言的运用），这个问题得到了解决。由读到思（有点儿创造性的思维），由思到说，完全是在语言学习的过程中完成的。

另一位老师讲《雪地里的小画家》，也请学生上黑板画脚印（只请了三个人），画完后，让学生仿照课文，说说学生所画的脚印。这就形成了有创造性的语言训练，既进一步理解、感悟了课文，又促进了学生自身的语言能力、思维能力、想象能力的发展。这样的画画，不是目的，而是语言学习的媒介。

说起画画，我想到了济南的张馨老师讲的《爬山虎的脚》。她也让学生画画，是让学生在读了课文介绍爬山虎的脚是怎样长出来的有关段落后，根据课文描述，画出“脚”长出的部位、方式和样子，这是对学生是否读懂课文的一种检验。其重点不在画，而在读，所以是很合理的。可见，我们在课堂上不是不能画画，而是要看画画的目的，要看画画的时机、指向和意图。

有的老师讲《匆匆》，最后让学生写句子，表达学习课文后的感受，而且要求学生尽量写成格言或警句的样子；讲成语故事，则让学生写出《自相矛盾》《滥竽充数》《画龙点睛》的寓意，实际就是让学生亲自给寓言点一下睛。这样训练的例子还有很多。

上面所谈到的语言训练，不同于目前在课堂上常见的填填括号、选择一下词语、对比一下正反义词的练习题式的语言训练。这种练习题式的所谓“语言训练”不是在建造语言大厦，没有涉及语言的内容与形式、结构与联系，只是把语言的砖头瓦块搬来搬去，是低效的教学。

综上所述，用语文的手段去解决语文的问题，就是用听、说、读、写的手段去完成字、词、句、篇的学习，并在这种语言训练的过程中培养学生的情感、态度和价值观，训练他们学习语文的方法和能力，提高他们的语文素养。

如何运用语文的手段

1. 从语文的手段看工具性与人文性的统一

《义务教育语文课程标准》已经实施了多年，但到目前为止，还有不少老师并没有弄清楚这一问题。他们不知道怎样才能实现工具性与人文性的统一。不少老师总是疑惑在课堂上是先搞工具性还是先搞人文性；是工具性多搞点儿，还是人文性多搞点儿。有一段时间，全国到处大力宣扬人文性。有的老师以“拓展”为名，讲《地震中的父与子》的课文仅用了 10 分钟，却用了 30 分钟拓展了《背影》《游子吟》和另外一篇文章，在整节课上脱离课文大讲父爱、母爱。有的老师在讲《生命　生命》这篇课文时，用投影仪展示杏林子的生平、著作和大量照片，篇幅和容量大大超过了课文，不知这个老师是在讲课文还是在宣传杏林子。

产生这些问题的根本原因，是教师弄不清工具性与人文性究竟统一到哪里、落实到哪里。根据亲身的教学实践和出于“用语文的手段解决语文的问题”的考虑，我认为工具性与人文性的统一，应该统一在语言文字上，应该落实在语言文字上。

工具性与人文性的关系，无非就是语言的形式与内容的关系。语言文字的内涵即其人文性，学好了语言文字，其内容的人文性很自然地就出来了。脱离文本和脱离语言去搞所谓的人文性，是架空的人文性，是没有生命力的。

这里以讲授《可爱的草塘》为例。教师以作者的情感发展为线索，通过学生充分、深入的默读和有感情的朗读，使他们逐步理解、感悟课文中的语言，最终形成了这样的板书：

不知草塘　不爱草塘　（脱离实际）

初知草塘　赞美草塘　（目睹耳闻）

深知草塘　珍爱草塘　（亲身体验）

这一板书，横看它用三行表现了课文的三个段落结构，竖看它形成了三列（三栏），分别表现了作者对草塘认识的发展、情感的发展和认识方法的变化。而且，学生在发言中指出，将三栏联系起来看，可以看出人的情感与认识的关系（情感的发展依赖于认识的发展）。他们同时也指出了认识方法与认识发展的关系（要想深刻认识事物，就得有亲身体验，只有目睹耳闻是不够的，脱离实际是根本不行的）。从这里可以看出，教师只有注重语言学习，学生才能领会课文的情感、态度和价值观，这表达了多么丰富的人文内容！

讲《再见了，亲人》时，在学生将要深入默读前，教师提供了阅读的方法，并板书：

抓事实 —— 理解 —— 讲道理说服别人
抓情感 —— 体会 —— 有感情地朗读感动别人

教师要求学生边默读边勾画、批注。学生在对课文深入默读后，纷纷发表了个人见解。有的依据课文所描述的事实，阐述了中朝人民的深厚友谊；有的有声有色地朗读，并表达了自己读后的内心感受。在教师没有提出任何问题的情况下，学生把课文中三个人物的方方面面都谈得头头是道，不但深入地理解了课文中的语言文字，而且对课文中人物的情感、事件的意义都做了相当有分量的发言，还学习运用了文中的反问句，使表达更有力量。他们敲开了语言文字的外壳，得到了语言文字的内涵。

2. 从语文的手段看课堂提问设计

老实说，提问是阅读教学中必然会使用的教学方式，好的问题也确实对学生学习阅读和智力开发具有重要意义。但是，在我们目前的教学中，提问设计并不尽如人意，其主要原因是这些问题并非语文的手段。具体表现为，一是提问太多，二是问题太碎，烦琐。阅读教学的根本，简单地说，就是教师指导学生在阅读实践中提高阅读能力。但有的教师没有引导学生去好好阅读，而是不断地提问，寻求答案。他们似乎认为答案出来了，书就读好了。

例如，有的老师在讲《我的战友邱少云》一课时，围绕“一动也不动”五个字，设计了一连串的问题：

① 邱少云为什么一动也不动？
② 怎样做到一动也不动？
③ 在什么情况下一动也不动？
④ 假如动了，后果会怎样？
⑤ 一动也不动的结果是怎样的？

其实，这些情况课文写得清清楚楚，学生阅读课文后完全可以自悟。

同样的教学内容，另一位教师却指导学生用多种方式充分地有感情地朗读课文，要求一边读一边想象文中所描绘的情景，并把自己作为文中的人物去感觉，去体验，去思考。读完后，教师请学生说一说自己读后的心情、想法（说自己而不是说邱少云）。学生不但说出了前一位教师设计的那一串问题所期望的答案，而且联系了日常生活，讲述了火焰灼身的那种体验，从而设身处地地感受到了英雄的伟大。学生如果没有充分地读，没有从读、思中得到情感和体验，很难达到这种效果。问出来的答案是干涩的，而读出来的感情是滋润的。阅读用语感联结了课文与学生的内心感觉，从而使学生感动。

怎样设计提问呢？我不是行家，只能就实践中的一些心得谈一点儿做法。

（1）争取不问，设法替代。

教师在备课时，特别是在阅读课文的过程中，不要直接去问学生本来能读懂的课文内容，而要多想一想，原来准备提问的地方，能不能用其他的语文手段来替代。比如，用各种形式的读替代，用发言、争辩替代，用课堂各类练习替代，用欣赏玩味替代，用联想或想象替代，更可以用学生的质疑、释疑替代，等等。

比如，在讲《鸟的天堂》中描写榕树大而茂盛的一段文字时，教师不用去问“榕树有什么特点？”“哪里表现了这个特点？”等问题，先让学生认真地去读，再让学生说一说自己有什么感觉或感受。学生一般会产生“这棵树真大、真茂盛”的感觉。然后指导他们朗读，请他们把自己的这种感觉，通过语气和声调的变化传达给大家，让大家都知道这是棵巨大而茂盛的树。学生在读的时候，凡是表现树大、茂盛的语句，会很自然地被凸显出来，根本不用教师机械地告诉他们哪些字该读得重一些。因为有表情地朗读本身就是一种感性的体验和传递。这就是用读替代了问答，这种方法在很多情况下都能运用。

在讲《飞夺泸定桥》中描述“与敌人赛跑”的一段文字时，教师先让学生默读并勾画出红军遇到的困难和克服困难的方法，并分别标注上“困①”（即困难①），“克①”（即克服困难的方法①）等序号（共5组）。再指名学生分别对应朗读（一个人读“困①”的句子，另一个人接读“克①”的句子，依此类推）。这种读法打乱了课文原来的顺序，但学生却能更清楚、有序地悟出红军遇险而进、无往不胜的英雄气概。朗读几次后，再请学生用“总分总”的方法来复述这一段（在五组序号前加一个总结性开头，后面加一段自己的评述或赞叹，作为总结性结尾）。这样的教学设计，完全没有提问，只依靠学生的读和说就完成了对课文的学习，而且复述增加了难度，联系了写作，也联系了学生的情感和认识。

在讲《可爱的草塘》时，教师让学生好好朗读，要读到能讲出“棒打狍子”“瓢舀鱼”和“野鸡飞到饭锅里”三个故事。先小组内讲，再选派代表到讲台上来讲。教师告诉学生可以加入自己的形容和描述，也可以连说带表演，还要评出“故事大王”“故事二王”和“故事三王”。学生情绪高，有创造，有竞争，讲得非常好。可以肯定的是，他们把课文学活了，自读、自悟、表达、创新能力全部得到了培养。

在讲《一夜的工作》时，我原本打算问学生：“课文中哪些地方运用了对比的手法，用什么和什么相比？”若真这样做，得到的只能是干巴巴的几条“筋”。转念一想，还是不问为好，于是用语言训练替代了。我让学生用“在……却……”“是……却……”的结构，说出了课文中具有对比性质的内容。学生说：“在高大的宫殿式的房子里，陈设却极其简单。”“在一张不大的写字台上，却放着一尺来高的文件。”“周总理在工作了整整一夜之后，却只用一碟花生米充饥。”“周总理的工作是那样辛苦，生活却是那样简朴。”他们能不断变化用很多方式说出对比性质的内容。这种替代的结果是，不仅完成了原问题的任务，做了语言训练，而且集中了课文中的对比因素（实际上是思想因素），使学生对文章、人物的认识更加深入。

替代的方法灵活多样，这里就不一一列举了。

（2）尽量少问，精心设计。

在课堂教学中，教师有时确有无法替代、非提不可的问题，那也无须回避，但对要提问的问题一定要精心设计。

一是扩大问题的覆盖面，减少问题的数量。

如讲《晏子使楚》一课，教师把“面对侮辱 —— 巧妙反驳 —— 战胜楚王”这一线索变成问句就是思考提纲，既可以分别解决文中的三个故事，又可以用来认识全文，避免了在讲述三个故事时重复提问。教师把《小珊迪》课文的最后一句概括成“饱受饥寒 —— 美好品质 —— 打动人心”三点，并变成问题，就可以统摄全文。教师设计的问题覆盖面大，就给学生留有较大的思维空间。在这个空间中，又可读、可想、可说、可辩，就不易演变为“满堂问”。

二是努力转变提问的内容、方式和角度，提出的问题要有思考价值，要让学生感兴趣。

在讲《再见了，亲人》时，为了引导学生了解作者的思路，梳理文章的结构，我提出了一个声东击西、暗度陈仓的问题：

> 1950 年美国进攻朝鲜，把战火一直烧到中国边境。中国派出了志愿军赴朝作战，同朝鲜人民一道打败了侵略者。打了三年仗，牺牲的战士成千上万。停战后又留守了五年。到 1958 年，最后一批志愿军要撤出朝鲜回国时，说是“再见了，亲人”，怎么朝鲜来送行的只有大娘、小金花、大嫂三个人？这像是送亲人吗？

这个奇怪的问题，极大地调动了学生的积极性，甚至有学生对我如此提问有点儿义愤！此起彼伏的发言，得出了预期的结论：这是作者写作时的故意安排 —— 既然无法把所有人和事写入文章，就选择了具有代表性的人物重点写（前三个自然段），再用概括的手法写全体（后三个自然段）。通过对这个问题的讨论，学生学习了写景物、写活动、写场面等写作方法，当然，也顺理成章地认识了课文的段落结构。我借这个问题，还向学生介绍了朝鲜战争的背景。在同一课中，为了理解“雪中送炭”这个成语，我设计了“大娘送去的明明是打糕，作者为什么说是‘送炭’”这一问题，学生的认真劲儿马上来了。他们的答案涉及了成语雪中送炭的表面义和喻义，并自然地联系到课文具体内容，从而不但理解了词语，也加深了对课文的领悟。教师提问的方式和角度变了，学生学习的效果就更好了。

这些年，我尽量争取每节课只提一个主干性问题，如讲《只有一个地球》时，只提问：“你读了文章，心里是什么滋味？”学生在诉说自己心中的苦辣酸甜时，引用课文中地球被破坏的句段，说得有深度，有感情，因为这个问题触动了他们的内心感受。讲《放弃射门》时，我只问：“你认为福勒算不算一个优秀的球员？”让学生好好地默读课文，找出依据。这个问题有力地促进了他们认真阅读，勾画批注。讲《地震中的父与子》时，我问了一个看似不着边际的问题：“你觉得这篇课文的题目好不好？如果不好，想改成什么？为什么？”同样促使他们认真阅读，从文中找出依据，分条列纲，然后有条理地表达。例不多举，但设计问题有一个原则，那就是以问促读，用语文的手段解决语文的问题。

（3）启发学生，大胆质疑。

一开始学生可能不敢问，不善问，但经过一段时间的训练，会大见成效。有的学生提出的问题，往往出人意料。因为孩子观察事物、思考问题的角度和方式，都与成年人不同。老师启发学生提问，不仅解决了老师提问太多、学生丧失学习兴趣的问题，而且往往纠正了老师备课思考的偏颇，加大了课堂信息量，增强了学习氛围。我当年在北京讲《飞夺泸定桥》一课时，就发动学生自己质疑，大大激发了学生深入思考、大胆发问的积极性。课上学生提出了近 20 个问题，极大地丰富了课堂教学内容。20 多年过去了，至今记忆犹新。在讲《高粱情》时，有一个学生问：“高粱塑造了躯体可以理解，为什么还要说塑造了‘生命’？躯体和生命有什么区别？”这个问题一下子挖到了课文思想内容的最深处。在讲《只有一个地球》时，有一个学生问：“为什么说‘我们这个地球太可爱了，同时又太容易破碎了’？”这个问题覆盖了整篇课文，要想回答它，就得把课文读透，并进行综合归纳才行。这样的例子还有很多，有的讨论起来极有意思，因篇幅关系，不再多举。

启发学生质疑，是一个“问”和“答”的角色转换问题。能够独立发现问题，提出问题，并且分析问题，解决问题，是学生自主学习的重要标志。这是一个完整的逻辑过程。我们历来的老师问、学生答，正好砍去了这一过程的逻辑起点，试想，长此以往，学生的能力发展怎么能不受影响？

3. 从语文的手段看多媒体的使用

多媒体肯定是个好东西，但要看如何使用。理科内容抽象，用多媒体课件可以使其形象化，便于学生理解，提高教学效率，但我个人认为，语文教学应该慎用多媒体，如要使用，也应尽量使其符合语文的手段。

语言是能够树立形象的。读了《丰碑》中描述军需处长的语段，我们头脑里就出现一个高大的英雄形象；读了《桂林山水》的语句，那山山水水就出现在眼前，而且这些形象是活生生的。这种形象的出现正是阅读入心的最好境界。可我们的课堂上偏偏要投影出一个图像来代替学生的思考和想象。我听过很多用多媒体进行教学的课，见得最多的就是用画面来展示风景或用画面来演绎故事。

有人说课件能激发学生的想象，我对此不敢苟同。学生阅读课文，头脑中产生的形象是因人而异的，非常丰富，但一旦看了图画，所有学生眼中就只有教师展示的那一幅图画了。俗话说，一千个读者可以读出一千个哈姆雷特，但如果看图像、看电影，所有人心中的哈姆雷特就都变成一个样子了。真不知图像是激发了想象，还是抑制和局限了想象！如《曹冲称象》一课中，教师用动画一步步地展现事情的经过，学生学起来当然高兴，但事情的关键 —— 第一次赶象上船刻下的记号，和第二次搬石头上船再刻下的记号，这两个记号之间的内在联系学生能“看”得懂吗？再如《刻舟求剑》的动画中，掉在河中的剑因制作人去掉了视线的阻隔（画面上河水是透明的），赫然躺在河底。动画把原来需要用思维解决的问题，变成了用感官感知的问题。这样的课件降低了教材的思维价值，还是少用为好。

现在课堂上频繁出现一种现象，就是教师把大段大段的重点语段或一句一句的重点语句呈现在屏幕上，让学生读。请问我们的课堂里学生是在读书，还是在读屏幕？久而久之，学生连翻书都不熟练了。课堂上教师让学生读课文、勾画重点语句的练习，也都通过课件完成了。不知学生损失了多少练习的机会。有人说，现在科技这么发达，有这样的条件放着不用多可惜。诚然，现代科技为我们提供了诸多便利，但我们不应该为了使用而使用，使现代科技不适当地变成不利于教学的因素。

总而言之，语文教的是语言的学问，因此，我们的教学方法应该是用语文的手段去解决语文的问题。本文着重阐述了阅读教学中语文手段的运用，其实，作文教学也应遵循这一规律，这一点留作后论。

语文课究竟是干什么的

其他学科都是学习语言的内容，只有语文学科是学习语言的形式——即学习语言本身。因此，语文教材不是语文的知识体系，而是承载着语言的一篇篇选文。每一篇选文只是学习语文的一个例子。学生要通过这一个个例子来学习和运用祖国的语言文字（所以要用教材教，而不是教教材）。

学好了语言文字，理解了文本内容，学会了文本的表达形式，形成了良好的语文能力，情感、态度和价值观就自在其中了。但是这一切，必须有一个正确的、科学的学习方法与过程，并被学生所掌握。有些教师很少在课堂上进行语言的推敲、揣摩和品味，而是围绕文本内容，外加大量的教化性补充，过度渲染、张扬人文性，冲淡了对语言文字的学习。

张志公先生早就说过，教语文要在课文里走一个来回。这就是说，要通过学习语言文字，理解课文内容，同时理解这些内容是怎样表达出来的。

语言工具性的训练与其人文性的教益，是在教学过程中对立统一的。语言文字已经蕴含了深刻又活泼的情感和意趣，蕴含了广博、丰厚的人文积淀。学好了语言文字，学生就自然接受了人文熏陶，根本用不着脱离文本、语言去搞什么宣教。否则，除了增加课堂虚幻的观赏性之外，没有任何价值。

所以，我们要弄清楚：工具性与人文性究竟要统一到哪里？这种统一要落实到哪里？我们可以毫不犹豫地说，在教学中工具性与人文性要统一和落实在语言文字上。因为工具性是根，人文性是花朵；根孕育了花朵的美丽，花朵展现了根的滋养。又因此，我们在课堂上的着力点，应该毫不犹豫地放到语言文字上。要用语文的手段解决语文的问题。

归结一句话，就是用听、说、读、写的手段，去解决字、词、句、篇的问题。语文针对的永远是语言文字，语言文字学懂了，掌握了，人文性就跑不了。这就是语文课要干的事情。

如何让学生创造性地自读自悟

《义务教育语文课程标准》倡导逐步培养学生探究性阅读和创造性阅读的能力，提倡多角度的、有创意的阅读，在发展语言能力的同时，发展思维能力，激发想象力和创造潜能，还强调努力建设开放而有活力的语文课程。

为了贯彻这一精神，我在《夜莺的歌声》这个课例中，充分激发了学生的创造意识，真正使课堂变得开放而有活力。

请看这一课的课堂教学实录。教师只要给学生创造良好的自主学习情境，鼓励学生选择适合自己的学习方式，就一定能开发学生的创造潜能，促进学生的能力不断发展。

《夜莺的歌声》课堂教学实录

/ 第一课时 /

（教室内学生分四个小组围坐）

师：今天我们这样坐在教室里，你们意识到了什么？

生：小组学习。

师：对啦！小组学习，然后举办小组擂台赛。今天这两节课我只讲20分钟，剩下的时间你们自己学，行吗？（生：行。）好的。今天讲的课题是什么？

生:（齐）夜莺的歌声。

师：夜莺是什么东西？

生：是一种鸟。

师：对，看我写字。（板书：夜莺的歌声）你们读课文的时候有没有发现这篇课文跟别的课文有点儿不一样？谁发现了，有什么不一样？

生：课文中的人物都是用动物名称来代替的。

师：谁同意他的说法？（无人举手）你可能是想说，那个德国军官问那个小孩子："村子里就剩下你一个了吗？"小孩子说有麻雀、乌鸦，等等。他说了一些鸟名，是不是这样想的？（生：是。）是可以这样想，这是那个小孩子在戏弄德国兵。谁还看出别的不一样之处？

生：这篇课文分成了几节。

师：分成了几节？有标志吗？

生：没有。

师：那你怎么看出它分成了几节？

生：因为节与节之间隔了一行。

师：你不是说没有标志吗？隔一行，再开始下一段，这是不是一种标志呢？（生：是。）对，这叫"隔行分段"。你们看一看，有几个隔行，分成了几段？（生看书）

生：有三个隔行，分成了四段。

师：现在浏览一下第一段，看它写了什么事？（生看书）

生：第一段是写一次战斗结束后，一队德国兵发现一个小孩子在河边吹口哨。

师：你的意思是，这一段主要写德国兵发现了孩子？这一段的主人公应该是谁？

生：这一段主要写德国兵发现了小孩子，并让他带路。

师：按你的说法，主人公还是德国兵。整篇课文的主人公应该是谁呢？

生：应该是那个小孩子。

师：那么你说各段的意思时，都应该从小孩子这个角度来说。这是一个基本原则。

生：这一段讲小孩子被德国兵发现了，他们让小孩子带路。

师：孩子愿不愿意被德国兵发现？

生：愿意。

师：如果说小孩子是主动地想让德国兵发现，那应该怎么说？

生：小孩子让德国兵发现，并给他们带路。

师：呀！这小孩子是“汉奸”！（笑声）

生：小孩子是故意吹口哨让德国兵发现的。

师：他想干什么？

生：他准备带德国兵到游击队的埋伏地，让游击队消灭他们。

师：意思说对了，就缺了一个词。小孩子在干什么？

生：小孩子在引诱敌人，让游击队消灭他们。

师：要是用两个字来说的话，这叫什么？

生：诱敌。

师：对啦，就是这个词。（板书：诱敌）再看看第二段，小孩子在做什么？（生读文）他在前面走，敌人在后面跟着一直走进埋伏圈。这叫什么？

生：带路。

师：对。（板书：带路）第三段讲什么？

生：讲小孩子让游击队歼灭敌人。

师：如果还是用两个字（指板书）概括，该写什么？

生：歼敌。

师：（板书：歼敌）第四段呢？第二天，他又跑到村口的岔路口吹起口哨了。他又去干什么？

生：又去诱敌。

师：黑板上该怎么写？

生：又诱。

师：“又诱”？有点儿别扭，把“又”字换一个字。

生：再诱。

师：对，“再诱”。“又诱”也讲得通，但把两个同声的字放在一起，读起来拗口，也不好听。换成“再诱”。（板书：再诱）他就这样用他的口哨声引来了一群又一群的敌人，把他们带到埋伏圈里，让游击队把他们一群又一群地歼灭。小孩子能干不能干？

生：能干。

师：他是凭什么去诱敌的？看课题，就凭他模仿夜莺的歌声。这孩子很了不起。我们再仔细看第一段，小孩子和德国军官有几次对话？你觉得哪一句最精彩？

生：（读）“小孩不慌不忙地回答，‘刚刚一开火，村子就着火了，大家都喊：“野兽来了，野兽来了”——就都跑了’。”

师：你怎么认为这句就精彩了？

生：这是小孩子在骂德国兵。

师：是骂德国兵的，而且是婉转的，但又是面对面地骂他：“你是野兽，你是野兽！”可那个德国军官却怎么样啊？有口——

生：难言。

师：是啊，有口难言，有口难辩。所以你认为这句很精彩，是吗？（生：是。）他骂敌人是野兽。看我写“斥”，什么叫“斥”？（生：斥责。）什么叫“斥责”？（生：狠狠地批评，狠狠地骂。）骂谁呢？（板书：敌为兽）斥敌为兽。你们看他说的那些话，都怎么样啊？

生：都很巧妙地躲开了敌人的盘问。

师：那你把那些对话读一下。（生读文）小孩子说的麻雀、乌鸦、猫头鹰是真的指那些鸟，还是说敌人是乌鸦、猫头鹰？

生：敌人。

师：这可错了。他是真的指那些鸟。他故意说一些真的，让敌人以为是一个不懂事的孩子在说小孩话，就不怀疑他了，是吧？他是在和敌人打岔、兜圈子。从小孩子整个应答的过程来看，你们能用一个词语来概括他的表现吗？

生：巧妙。

师：可以。还有吗？

生：奇妙、机智、新奇、奇特、机巧、奇异、又奇又巧等。

师：看来你们对“巧”和“奇”两个字最感兴趣。大家看黑板，我已经写了“斥敌为兽”，如果用“奇”字，该怎么往下写？

生：写“对答奇”。

师：很好。还有别的吗？

生：应对奇。

师：“应对”和“对答”不是一样的意思吗？

生：写“应对”更像写诗。

师：你看出来我想写成诗了。“应对”有点儿文言的味道，古香古色的。好，我们就按你说的写。（板书：应对奇）再想一下，要是写“巧”字，该怎么写？

生：巧安排。

师：编得挺好，但小孩子并没有安排什么，只是在和敌人巧妙地应答。

生：写“应对巧”。

师：不太好，一是和刚才的“应对奇”太相似，二是念起来不顺口，都是往下压的语调。

生：写“巧对答”。

师：也不太好。看我写一个怎么样？（在另一行板书：斥敌为兽巧周旋）“周旋”懂吗？就是用说话的方式和敌人怎样？（用手做绕圈子的动作）

生：绕圈子。

师：对了，和敌人绕圈子说话。这一下我们的任务可重了，每段都得写两句，最后写出两首诗，好吗？（生：好。）现在看第二段“带路”，孩子继续和敌人周旋。这一段很短，应该好学一些，你来读一下吧。（生朗读课文）

师：孩子一边走一边学鸟叫，还用手打树枝、拾球果（做动作）。你们觉得孩子怎么样？

生：小孩子什么也不怕，从从容容，没有引起敌人的怀疑。

生：这一段小孩子说敌人是蘑菇，洋蘑菇。

师：怎么看出来的？

生：德国军官问小孩子这里有游击队吗？小孩子装傻，说（读）：“你说的是一种蘑菇吗？没有，我们这里没有这种蘑菇。这里只有红蘑菇、白蘑菇，还有洋蘑菇。”孩子一边装傻，一边把敌人骂成了蘑菇。

师：很好，这一小段你们认为最重要的内容是什么？联系后面的课文想一想。

生：最重要的是他学夜莺和杜鹃叫。这是他和游击队约定的暗号。夜莺叫一声就代表有一个德国兵，杜鹃叫一声就代表有一挺机关枪。这是小孩子在给游击队传递敌人的情况。

师：也可以叫“情报”“敌情”。很好，你把下一段的意思也讲得差不多了。那么这里该怎么写（指黑板）？

生：写“学了夜莺学杜鹃”。

师：不简单，七个字写出了两种鸟，但没有说明这鸟在叫。

生：写“夜莺唱完杜鹃叫”。

师：好多了，但写诗得押韵，我给你们改两个字。（板书：夜莺唱罢杜鹃啼）“罢”就是唱完了，也有一点儿古味儿；“啼”当然就是叫了，这和上一句的“奇”押同一个韵。还有第二首诗，上一行最后一个字是“旋”，怎么写押韵？

生：就写我刚才说的“学了夜莺学杜鹃”。

师：韵是押上了，但没说出鸟在叫啊。让它们叫起来。

生：写“夜莺唱罢……唱杜鹃”。

师：很好，只是两个“唱”字有点儿重复。我再改一个字。（板书：夜莺唱罢鸣杜鹃）“鸣”“叫”“啼”意思差不多，可以了吧？

生：可以。

师：刚才说小孩子给游击队送情报，送到没有？

生：送到了。

师：（板书：情报送达）情报送到后，怎么样？

生：敌人被歼灭了。

师：孩子怎样了？

生：孩子不见了。他听见口哨声，这也是暗号，就钻到密林中去了。

师：我在这里（指板书“情报送达”后面）写什么？写“敌被歼”还是写“人不见”，哪个好？

生：我觉得哪个都行。（众笑）

师：好吧，我们两首诗各用一个。（有生举手）

生：两个都用，第一首诗就又不押韵了。

师：说得好，动了脑筋。但诗的第一、二、四句要押韵，第三句可以不押韵。好了，我们把它写上。（板书：情报送达人不见　情报送达敌被歼）这个“歼”字是第一声，和上面的“旋”“鹃”都是上扬的声调，读起来不好听，改成“歼敌寇”。“寇”字是什么意思？

生：土匪、强盗。

师：第四段，孩子又去做了什么？

生：又学夜莺叫。

师：对。（板书：莺声又起）孩子又像原来一样去等谁？

生：等敌人再来。

师：是的。我把这个“等”字换成另一个字（板书：待），行吗？

生：行。

师：等敌人再来，等待什么样的敌人？一个字概括。

生：强敌。

师：太夸奖他们了！

生：顽敌。

师：行，这个可以。（板书：顽）还有第二首呢，也把这一句“莺声又起待顽敌”写上行吗？

生：不押韵了。

师：小小地变动一下就可以了。谁有机智的办法？

生：把“敌”和“顽”两个字变换一下位置，写成“敌顽”。

师：非常好！（板书：莺声又起待敌顽）太聪明了！我们一下子写出了两首诗。大家一起读一下第一首诗。

生：（读）斥敌为兽应对奇，夜莺唱罢杜鹃啼。情报送达人不见，莺声又起待顽敌。

师：好，读第二首诗。

生：（读）斥敌为兽巧周旋，夜莺唱罢鸣杜鹃。情报送达歼敌寇，莺声又起待敌顽。

师：（看表）从上课到现在我们用了23分钟，学习了几段课文的主要意思，但比较粗。课文中还有很多写得精妙的语句，大家想不想学？（生：想。）想学，但是我不管了，你们自己学。以小组为单位，大家共同学习、讨论。先小组内学，学完了向全班同学汇报学习成果，要想出一个汇报的形式，看哪组汇报得好。

（生分组学习，共学习 15 分钟。师组间巡视、指导）

师：好了，时间到了，下课。

/ 第二课时 /

师：哪一组先汇报？（第三组学生举手）好，你们先来。（第三组全体学生拿着课本走上台）

师：你们组打算用什么方法汇报？

生：（负责人）用上课的方法，就是老师和同学们讨论问题的方法来汇报。由苏扬当老师，大家都当学生。

师：好，开始。（学生们围坐，“老师”站在圈边）

“老师”：同学们，上节课我们通过支老师的指导，充分了解了课文的大概意思，现在我们再深入地学习第一大段。下面我提几个问题，请大家回答。第一个问题是：在河岸边坐着的小男孩是谁？他在干什么？

生：他是专门用鸟叫声引来敌人，然后把敌人领到埋伏地让游击队消灭他们的。

“老师”：答对了。第二个问题是：小男孩既然是引诱敌人的，那他为什么要穿绿色的衣服？

生：为了在游击队开火时方便逃跑。

“老师”：没有说明白，为什么穿绿色的衣服就方便逃跑？

生：因为周围的树叶都是绿色的，跟他的衣服颜色差不多，他往树林里一钻就不见了。（师插话：“这个小孩利用了生物学中的保护色原理。”）

“老师”：在第 9 自然段，书上说，军官“那阴沉的脸上闪出一种冷笑的光”，这是为什么？

生：这个军官突然想到了让这个孩子给他带路，去寻找游击队。

“老师”：那他为什么要冷笑？

生：其实，他是想装个笑脸，但装不好，勉强地笑，就成了冷笑。

“老师”：很好，表扬你！（众笑）下一个问题：在第 16 自然段有个词“蠢东西”，军官为什么要这样想？

生：因为战争一开始，村子里的人就都跑了，只剩小孩子一个人了，所以军官认为他是“蠢东西”。

生（女）：老师，他说得不对。我认为在上一句小孩子说“野兽来了”，也许这个军官听出来是骂他的，但他有口难言，不好说什么，就气愤地骂小孩子“蠢东西”。

生：那军官要是听出来是骂他，早把小孩杀了。

生（女）：军官当时不杀他，是想让他先带路，带完路后肯定要杀他，所以就忍着气没有发作，只骂了一句“蠢东西”，轻蔑地微笑了一下。军官心里可能在说：“哼，别以为我不知道，一会儿再收拾你！”

“老师”：你们两个人辩论得很好，但我同意关玉婷（女）的意见，你们同意谁的意见？

生：（齐）关玉婷的。

“老师”：那就是关玉婷说得对！（师插话：“哈！少数服从多数。”）现在提最后一个问题：军官是用什么东西来引诱小孩带路的？

生：打火机。

“老师”：这节课上完了，还有问题吗？

生：“木屑”是什么意思？

“老师”：谁来答？（生举手）请荣庄同学回答。

生：木屑就是削木头削下来的碎片、碎屑。

生：“垂头丧气”是什么意思？

生：垂头丧气就是提不起精神，低着头有气无力的样子。

“老师”：还有什么问题？没有了，我们就下课。（师插话：“我有一个问题，课文中哪句话突出地表现了德国军官的凶恶？”）

生：第 19 自然段，军官说：“要是你把我们带到别处去，我就把你的脑袋拧下来。听懂了吗？”这句表现了敌人的凶恶。

师：第三组同学表演了一段上课的情景，“老师”提了问题，大家回答，又让大家提问题。有些问题提得很好，还形成了小小的“辩论赛”。但有的问题提得太简单，比如，德国军官用什么东西引诱小孩带路，答案只有三个字“打火机”。不过总的来说，你们认为他们的汇报可以得到 A、B、C、D 哪一级的评价？（生：A 级。）好，我们就给他们评 A 级。（板书：第三组

A）下面由第二组同学表演，谁来报告？

生：我们用电视剧的方式来汇报这一段。曹毅然演德国军官，王智慧演小孩，其他人演敌兵，我来当画外音。

（一生用课本和手做了一个电视剧开拍的动作，并说："电视剧《夜莺的歌声》第一集，灯光、摄影、录音就位，开始！"）

画外音：夜莺的歌声响起来了。

（"小孩"用口哨模仿鸟叫，"军官"领着一队"德国兵"大摇大摆、挺胸凸肚地走来。）

画外音：一个德国军官带着一队德国兵来到了一座烧焦了的村庄。他们发现在这个安静的地方，有一个孩子坐在河岸边上，低着头，手里削着什么。

军官：喂，小孩！你在削什么？让我看看。（小孩递哨子）你做得挺巧哇。

画外音：军官点了点头。转眼间，他那阴沉的脸上闪出一种冷笑的光。

军官：谁教你这样吹哨子的？

小孩：我自己学的。我还会学杜鹃叫呢。（生又学鸟叫）

军官：村子里就剩下你一个了吗？

小孩：怎么会就剩下我一个？这里有麻雀、乌鸦、猫头鹰，多着呢。夜莺倒是只有我一个！

军官：你这个坏家伙！我是问你这里有没有人。

小孩：人呢？战争一开始这里就没有人了。刚刚一开火，村子就着火了，大家都喊："野兽来了，野兽来了"—— 就都跑了。

画外音：军官轻蔑地微笑了一下。

军官：蠢东西！你认识往苏蒙塔斯村去的路吗？

小孩：当然认识，我常到那儿去钓鱼。那儿的狗鱼可凶呢，能吃小鹅！

军官：行啦，行啦，你带我们去，我就给你这个小东西（掏出一支钢笔代表打火机），这是打火机。要是你带错了路，我就拧下你的脑袋。哼哼！（做拧状）听懂了吗？

画外音：我们组的电视剧演完了，谢谢！（台下鼓掌）

师：演得不错。该第四组了，先介绍汇报方法。

（第四组学生上台）

生：我们也用表演的方法。不过，我们演哑剧，前面扮演军官和小孩的同学只做动作，后面专门有一个同学读课文中的叙述部分，两个同学分角色朗读军官和小孩说的话。前后配合着演。

师：你们为什么要这样表演？

生：这样不用背。（师插话："不用背台词？"）对，不用背台词，又演得比较全。

师：好，开始。

（口哨声响起，生从开头朗读课文，"军官"带"士兵"上场，与"小孩"对话。对话中军官不时穿插几个英语单词，如 NO、OK 等。过程略。）

师：第四组表演得很有新意，有点儿像多人"双簧"。这位军官先生还说了几句英语，让人感觉他就是外来侵略者，要是会说几句德语就更好了。下面就剩第一组了，请上台。

生：我们组用讲故事的方法汇报，由徐迪新扮演一位老爷爷，他就是当年那个小孩，现在老了，给村里的孩子们讲他当年的故事。

师：形式很好，开始吧。

（生围坐在"老爷爷"对面）

老爷爷：孩子们！（众笑）今天给你们讲一个我当年的故事。那时，我才十一二岁，和你们现在差不多。（众笑）那是几十年前的事了，当时，德国鬼子来侵犯我们国家。有一次，一场战斗刚结束……（后面的内容基本与课文相同，在讲述过程中老爷爷曾两三次向学生们问话，如"你猜孩子怎么说？""你说可恨不可恨？"等。过程略。）

师：四个组演得都很好，汇报的方法各不相同，但都很有想象力，很有创造性。刚才第三组得了 A，现在评第一、二、四组。（生议论，最后都评为 A）下面我们进行第三段的学习和汇报，第一、四段很简单，就不汇报了。但是，这次你们四个组各自先好好商量一下用什么方法汇报。我要求一定要有创新，要与众不同，我只请一个最有创造性的小组来汇报。现在开始商量方法。（各小组研究，师巡回了解、指导，时间约 12 分钟）

师：商量好了吧？各组长先来简单介绍下你们组的汇报方法。

生：（第一组）我们请一个同学演两个角色，既演军官又演小孩，其余的同学当配音。

师：配什么音？

生：就是模仿小孩子发出的各种鸟叫声、游击队员的说话声——因为他们是埋伏着的，不能出来——还有最后打仗的枪炮声。

师：模仿鸟叫声和枪声，在舞台上那叫“效果”。第二组用什么方法？

生：我们还是画外音加表演。

师：第三组用什么方法？有没有创新？

生：我们也是表演，但我们觉得游击队战士也能演，让他们站在那边，站在一张桌子后面演。

师：为什么要站在一张桌子后面？

生：桌子代表山，他们在山上。

师：课文上没说游击队埋伏在小山上啊，是树林深处。

生：那桌子就代表树林。

师：嗯，办法不错。第四组讲一下你们的方法。

生：我们演一个电视直播节目。我当主持人，请支老师当特邀嘉宾，其他同学当观众，可以给我们打热线电话。

师：大家一起来评判，你们觉得哪一组的方法最新颖、最有创造性？（生：第四组。）好，就请第四组来表演这场电视直播。不过，我有一个小小的建议，（对第四组）我想让全班同学当电视机前的观众，他们也可以给你们现场打热线电话，可以吗？（生：可以。）好，第四组同学邀请全体同学当电视观众，你们可以给现场主持人打热线电话。你们第四组除去主持人、嘉宾，其余同学就算现场观众了，好不好？现场直播马上开始——谁要打热线电话就举手，我们这是土办法。

（第四组学生上台，“主持人”坐在正面椅子上，对面是“嘉宾”支老师，现场观众坐在嘉宾的左侧。）

主持人：观众朋友们，大家好！又到了我们每天的《电视剧评论》时间了。我台开播的电视剧《夜莺的歌声》昨天已播到第三集了，观众反应热烈。今天，我们请来了这部电视剧的导演支老师来做我们的嘉宾。大家欢迎！（生鼓掌）有不少观众给我们打来电话，询问有关这部片子的问题，您

能做一些解答吗？（主持人的这段话有手稿）

嘉宾：可以，尽我所知。谢谢大家的信任！

主持人：各位观众，您如果有什么话要说，或有什么问题要问，请拨打热线电话，我们的热线电话号码是 1234567。（众大笑）支老师，我先向您请教许多观众问的一个问题：电视剧里的这场战争发生在什么时候？

嘉宾：这场战争发生在 70 多年前。当时德国勾结了意大利和日本，发动了第二次世界大战。德国入侵了东欧各国，也入侵了苏联，就是现在的俄罗斯。苏联人民英勇抗战，誓死保卫自己的国家。全世界人民也英勇抗击德、意、日，最后获得了全面胜利。这个故事就发生在苏联。

主持人：当时我们中国有没有参加这场第二次世界大战？

嘉宾：参加了。当时日本侵略了中国，中国人民进行了十四年的抗日战争，到 1945 年日本投降，抗日战争胜利结束。

主持人：谢谢支老师！（笑声）各位观众请拨打热线电话。（有生举手）

现场观众 1：我想问支老师一个问题：游击队员的口哨一响，小孩就钻进树林不见了。树林里的树那么高，怎么能看不见一个人呢？

嘉宾：这位观众提的问题很有意思。在树林里，一般都有高高的树木——那叫乔木，树干、树枝分明，比如，松树、白桦等；树下一般还长着灌木，就是那种没有主干的、丛生的、不高的木本植物，如用来编筐子的荆条或公园里剪得很整齐的像一堵矮墙一样的黄杨等都是灌木。在树林里，小孩子完全有地方可藏。（台下有人举手）

主持人：这里有观众从家中打来电话。喂，您请讲。

电视观众 1：刚才支老师提到了白桦，课本里也说了。请问白桦是一种什么植物？我们这里有没有？

嘉宾：白桦是一种乔木，最突出的特征是有白色的树皮，非常柔软，能一层一层剥下来，薄得像纸一样，好像有油性，一点火就着。课文中的插图就是白桦，银白色的树干，很漂亮。老舍先生曾在《林海》里写过“白桦的银裙”。这种树喜欢寒冷，俄罗斯有很多，我国只在北方才有。这里是长江流域，应该不会有。这个字读 huà，不要读成 huá。

主持人：谢谢支老师的指导！

现场观众2：我觉得游击队叫一个小孩子去诱敌，这有点儿危险，万一小孩应付不了就坏了。

嘉宾：这是一个很好的问题，但我觉得观众可以回答这个问题。

主持人：观众朋友中哪位能回答这个问题，请拨1234567。（众笑）

现场观众3：这个小孩很聪明，他敢当面跟敌人军官开玩笑。（有一生情不自禁地反对："不是开玩笑！"）行，不是开玩笑，他当面敢骂敌人是野兽，敌人还没话可说。他很机智，所以你根本不用担心。你这是"看三国掉眼泪——替古人担忧"。（全场大笑）

电视观众2：我有一点要补充。让小孩子去引诱敌人，敌人容易上当，他们想不到一个小孩子会把他们骗了。

主持人：支老师，您看观众们的回答怎么样？

嘉宾：答得很好。我们国家也有这样的故事，比如《鸡毛信》里海娃的故事。当然做这样的诱敌工作的确很危险，因为敌人是非常凶残、狡猾的。我们有一首歌里的放牛娃王二小不就被敌人杀害了吗？不过，"要斗争就会有牺牲"，这正是不怕牺牲的精神。

主持人：各位观众，由于时间关系，我们只能再请一位观众提出问题。

现场观众4：游击队员知道有32个鬼子，两挺机关枪，对付得了，就开枪歼灭了敌人。如果来的鬼子很多，比如，一两百个，游击队员人少，对付不了，该怎么办？小孩还能跑得了吗？

主持人：这个问题我还请现场观众来回答。你如果是那个小孩，你怎么办？

现场观众5：我要是那个小孩，一看有这么多敌人，估计游击队对付不了，我就想办法不带他们去。

现场观众6：其实带去也没关系，能消灭多少算多少，打死一个少一个。反正树林很密，敌人对地形不熟，小孩子也会钻进树林，游击队员也能随时转移走。

现场观众7：游击队和小孩子一定事先有约定，有多少敌人时具体怎么办，都必须商量好。（台下有生举手）

主持人：好，请你把电话打进来。

电视观众3：我认为打不打由游击队决定，能打就打，不能打就不打，反正小孩子什么时候都能钻进树林。书上说“对付得了”，就说明也有“对付不了”的情况。

主持人：我认为观众朋友们讨论得很好。现在我向嘉宾支老师提最后一个问题：您拍这部电视剧，是想告诉观众什么？（台下鼓掌）

嘉宾：我要告诉观众的，简单地说就是侵略者必败。我也想让观众知道这个不知姓名的孩子是多么机智、勇敢。

主持人：谢谢支老师做客今天的节目！各位观众，《电视剧评论》节目现场直播到此结束，谢谢各位收看。再见！（全场鼓掌）

师：电视节目结束了，我们今天的课也该结束了。今天，大家学得非常好，非常有创意。好，下课吧。

上一课例表现了学生的创造精神，我再举一个课例表现教师的创造精神 —— 教师采用了一般情况下不会使用的教法。教师的创意是学生产生创意的先导，也为学生的创意学习提供了条件，创造了机会。

《太阳》是一篇说明文，主要描写了有关太阳的一些知识、太阳与地球的密切关系。文章条理清楚，语言简练明白。全文没有什么难以理解的语句。针对文章这一特点，我设计了一种全新的课堂教学方法，充分体现了“以学生为主体”的教学思想，并努力实现对学生全面、具体的语文基本功训练。这一教法是依据本人提出的“自主发展—点拨启导”式教学的基本模式设计的，我曾先后在南昌、广州、南宁、洛阳、杭州、深圳、上海、厦门、西安、大连等十多个城市进行公开教学，引起听众强烈反响。下面的授课过程和评析，是广西小学教育研究中心黄亢美先生写的《广东特级教师支玉恒〈太阳〉教学赏析》的摘录（略有调整）。

《太阳》课堂教学实录

师：今天我们学习《太阳》这一课。同学们各自放开声音把课文读一遍，想想课文主要讲的是什么内容？（生各自朗读课文）

师：同学们读得很认真，声音还可以再响亮一些。谁愿意再读？（部分学生举手）举手的同学都站起来读。读完第一段后，谁愿意读第二段的，就自动站起来读，不想再读的就坐下。以下各段都是这样来读：主动起立，不用我叫。（读至第三段时，全体学生起立读）同学们都愿意读，我就不让你们齐读了。谁有勇气，有自信心，认为自己是班里朗读最好的？请举手！（一生举手，师请他读了一段）这位同学读得不错。他站在这里，站到了领奖台上。谁能读得比他还好，谁就站在领奖台上，他就坐下。好，谁能把他"读坐下"？（一生抢先读完后，师组织生做出了"谁坐下"的评价。就这样不断激励、评价，一直读到倒数第二段）很多同学还想读一读，比一比。最后一段，我们大家一起读，一定会读得更好！（生齐读）

师：刚才我们已经把课文读了两遍。我觉得还不够，请大家再默读一遍，一边默读，一边思考，看自己能读懂多少。什么地方读明白了，就标记下来。（生边默读边勾画）

师：好，同学们都读完了。能不能站起来把你读明白的地方讲一讲，有一点儿说一点儿？

生：我读懂了太阳非常热，它会发光，会发热，是个大火球。

师：能不能说得简练一点儿？

生：太阳是个大火球。

师：好，把你这一点写到黑板上去。（生板书：太阳是个大火球）

（生举手发言，师先后请了 14 名学生发表意见。在发言过程中，师不断引导生提炼语言，最后概括成简明的语句，写到黑板上去，共写了 14 条。因生发言是读懂什么说什么，故写到黑板上的内容是无序排列的）

师：现在我如果用一张纸，把黑板上大家写的这些内容原样不动地印下来，发给你们，说"这就是太阳"，你们能读明白吗？

生：读不明白，因为没有顺序，东一句，西一句。

师：对。要说明一种事物，就得有一定的顺序。那么，我们参照课文的顺序，给黑板上这么多条内容标上序号。谁想好了，就自己跑上来标，每人标一条。

（生经过思考和交流，很快争着上黑板给原来写的内容加上序号。14 名学生标出了以下顺序）

① 太阳离地球很远。

② 太阳离地球有 1.5 亿公里。

③ 步行到太阳要用 3500 年。

④ 坐飞机到太阳要用二十几年。

⑤ 130 万个地球抵一个太阳。

⑥ 太阳是个大火球。

⑦ 表面温度 6000℃。

⑧ 中心温度 6000℃ ×2500=15000000℃。

⑨ 关系密切。

⑩ 形成生态环境。

⑪ 促成气象变化。

⑫ 杀菌、防治疾病。

⑬ 送来光明、温暖。

⑭ 没有太阳，就没有美丽可爱的世界。

【在完成这 14 条板书时，支老师随机对学生进行了表达方面的指导。如要求用符号表示“摄氏度”，用符号表示课文中的“估计”一词（有生用了约等号“≈”），引导使用“生态环境”“气象变化”等词语，意在随时指导学生运用旧知识，开拓新知识】

师：黑板上的内容现在已经被标上了序号，有顺序了。如果我按这个顺序，再印一张纸给你们，你们能读明白吗？（生：不能。）为什么有顺序了还是读不明白呢？

生：黑板上只写了一些条文，没有具体内容。

生：这些条文之间没有联系，各说各的。

师：大家说得有道理。但条文之间是什么关系呢？我们来看：第 ① 条说太阳很远，第 ② 条说离地球 1.5 亿公里，第 ③ 条说步行怎么样，第 ④ 条说飞行要多少年。你们觉得这四条能简单地用 ①②③④ 并排地列下去吗？

生：不能。因为 ②③④ 说的都是一个“远”字，第 ① 条和 ②③④ 不能并列。

师：对了。②③④ 好像是三个少先队员，而 ① 好像是他们的小队长。（随手在黑板上写出了①[②③④]）可见，文章除了要有一定的顺序，在内容上还有一个“层次”的关系。能看出这个层次，刚才你们说的条文之间的关系也就明确了。我们现在已经找到了一个“小队长”，但黑板上这些条文中还藏着好几个小队长呢，你们能把它们找出来吗？

生：第二个小队长是“大”。

师：这个小队长带了几个少先队员？

生：只带了一个，就是“130 万个地球抵一个太阳”。

生：另一个小队长是“热”，带了三个少先队员。一个是“大火球”，一个是“表面温度”，一个是“中心温度”。

生：“关系密切”也是一个小队长，带的少先队员是“生态环境”“气象变化”“杀菌、防治疾病”和“送来光明、温暖”。

师：很好，现在我们一共找出了“远”“大”“热”“关系密切”四个小队长。但是大家想一想，这四个小队长一样高吗？

（生经过讨论，认为“关系密切”这一条要高一些。因为“远”“大”“热”说的都是太阳本身的情况，而“关系密切”不仅说了太阳，还联系了地球）

师：既然“关系密切”比其他三个小队长要高一些，那么，它应该是什么“长”？

生：“关系密切”应该当“中队长”。

师：对，“关系密切”应该是中队长。可是，“远”“大”“热”三个小队长前面也应该有一个中队长啊！这个中队长叫什么名字呢？

（生发言，先后起了“太阳的特点”“太阳的知识”“太阳的情况”等“名字”。在教师的点拨、提示下，学生们认识到这不是太阳的所有情况，也不是有关太阳的很深奥的知识，而是关于太阳的“一般情况”或“一般特点”。据此，确定“一般情况”为另一个中队长）

（以上是第一节课的内容，休息后继续上第二节课）

师：刚才我们已经找到了“一般情况”和“关系密切”这两个中队长，接着想下去，“大队长”叫什么名字？（生异口同声喊：太阳。）

（师连续请生把“大队长”“中队长”“小队长”和“少先队员”写到黑板上，要求生按它们的“组织系统”依次写成一个“系统表”，并启发生用符号给它们层层建立“领导关系”。在生板书时，师指导其他学生朗读相对应的课文，并随机进行词句推敲和朗读指导。最后，黑板上出现了一个完全由学生自己“设计”、自己写成的内容条理清晰的“系统表”）

- 太阳
  - 一般情况
    - 远
      - 距地球 1.5 亿公里
      - 步行 3500 年
      - 飞行二十几年
    - 大 —— 抵 130 万个地球
    - 热
      - 大火球
      - 表面温度 6000℃
      - 中心温度 6000℃ ×2500=15000000℃
  - 关系密切
    - 形成生态环境
    - 促成气象变化
    - 杀菌、防治疾病
    - 送来光明、温暖

师：现在大家仔细看一看，刚才你们写在黑板上的 14 条内容，还有哪条没有写到系统表中？

生：还有第 ⑭ 条“没有太阳，就没有美丽可爱的世界”。

师：那么这一条应该写在哪里呢？

（生主要有两种意见：一是放在整个表的后面，做全文的总结；二是放在“关系密切”所带的四条内容后面，做“关系密切”的总结。支老师鼓励持两种意见的学生辩论一番。生有话站起来就说，不用举手。经过一番辩论后，双方仍不能说服对方）

师：现在，我们的意见产生了分歧，也就是说，我们的学习产生了疑难。怎么办？当然我可以给大家讲清楚。但是，我不想讲给你们听，我希望你们自己能解决这个问题。我们先不忙，先把这个疑问存起来（板书：存疑）。我们先来做一个说话练习。课文后面的练习要求我们用“如果……就……”造句。现在来练习一下。但不能想怎么说就怎么说，我要求用“一般情况”的内容来说“如果”，进行假设；用“关系密切”的内容作为“就”的内容。谁先试一试？

生 1：如果太阳没有这么远，地球上的动物、植物就不会生存。

生 2：如果太阳没有这么热，就不能给地球送来温暖和光明。

（数生发言，师随机进行语句表达方面的适当点拨）

师：我想再增加一些条件，不知你们能不能说好。在“如果”后面加上“不是”“而是”两个词。（板书：如果……不是……而是……就……）

生 3：如果太阳不是那么热，而是很冷，地球上就不能形成生态环境。

生 4：如果太阳不是那么大，而是很小，地球上就不会有光明和温暖。（还有几个学生发言，略）

师：好，说得不错。我再加一些条件，你们还能说吗？（把原板书添加为：如果……不是……而是……就……也……更……当然……）

生 5：如果太阳离地球不是那么远，而是很近，地球上就不会形成生态环境，也没有气象变化，更不能杀菌、防治疾病，当然没有光明和温暖了。

（还有数名学生发言，师随机指导）

师：这段练习大家做得不错。现在我想问一下：通过这段造句说话练习，刚才我们“存”下的疑问应该解决了吧？那第 ⑭ 条到底是总结什么，应放在哪个位置上？

生：是全文总结，应该放在最后面。（生统一意见了）

师：很对。课文说“没有太阳……”，什么样的太阳呢？就是这个又远又大又热的太阳（在黑板上的系统表后面画一条自上而下的线，后面写第 ⑭ 条内容）。

师：我们看这个系统表：大队长带领中队长、小队长和少先队员开了一次大队会，最后是谁出来做了这个总结呢？

生：大队辅导员！

师：对！大队辅导员老师讲话做总结。他说了什么话？

生：（齐读）“没有太阳，就没有我们这个美丽可爱的世界。”

师：有了这个系统表，其中任何一条与其他各条都有了联系，不再是孤零零的了。可是讲到这里，我们还没有给课文分段呢！不过，我想大家一看系统表，分段就不会有问题了。（生很快说出了两种分段方法）

师：大家再看黑板，作者在说明太阳的有关情况时，写了许多具体的数字。你们过去学过，这叫什么方法呢？

生：数字说明法。

师：同时，作者还举了许多例子，如步行、飞行啊、钢铁溶化啊，这是……

生：举例说明法。

师：最后，我还要说一点，这么大、这么热的太阳，正好离地球这么远。再近点儿，像地球的左邻金星，热得像一团蒸气；再远点儿，像地球的右舍火星，冷得像一个冰世界。只有地球上才有这么丰富的生命世界，对地球这个难得的美丽家园，我们应当……

生：（齐）好好爱护！

师：好，下课。

自主读写的基本策略

首先要强调的是，要培养学生自主读写的能力，必须重视培养学生优良的学习品质，如学习兴趣、学习习惯和学习能力。这是帮助学生形成自主读写的意识和智能的具有战略意义的策略。

自主读写应具备的心理品质

兴趣是人对特定事物进行积极探求的认识倾向，是人对该事物予以优先注意，并具有向往的心情。当它发展为稳定兴趣时就是“爱好”了。学习兴趣是让学生产生持久的学习热情的心理保证。有了学习兴趣，学生就容易产生学习动机。学习兴趣还可以转化为学习情感。

学习习惯，是由于重复或练习而巩固下来的变成内心需要的行动方式。学生只有具备了良好的学习习惯，自主读写才可能变成一种习惯性的“自动”行为。

学习能力，是顺利地完成某种活动所必需的，直接影响活动效率的个性心理特征。学习能力直接决定了学生掌握学习方法的程度和完成学习任务的效率。

学习兴趣、学习习惯、学习能力是教师在教学过程中有意识地培养学生而形成的。所以教师在教学中，不应以学生掌握常规知识为终点，而应在教学过程中着力培养学生形成这些心理品质。

自主读写的教学方法

要培养学生自主读写的兴趣、习惯和能力，教师就一定要主动地优化或转变自己的教学方式。

第一，理解语文学科的特点，明确教学的任务。

叶圣陶先生曾说语文教材无非是个例子，凭这个例子要使学生能够举一反三，练就阅读和作文的熟练技能。数理化等学科的教材编入了原理、概念、法则等，这就是该学科的知识体系；而语文教材只是一篇篇文章，除了提供一些生字、新词、句式、辞格之外，教材本身并不是语文学科的知识体系。因此，我们在教学中就不能把对课文内容的学习强调到不适当的程度，而是拿课文做例子，闻一知十，培养学生的读写能力。我们学习一篇文章，理解内容、体会情感、读文明理、把握思想固然必要，但绝不能仅仅满足于对内容、情节的记忆。

第二，精研文本。

教师应该对所教文本做到尽可能深入广泛的理解，比如，要把握文本整体内容、整体结构、文章情感，等等，还要在教学中根据文本特点和学生实际情况，考虑文本中的哪些东西可以作为教学内容。也就是说，要确定“讲什么”，同时考虑通过什么途径和手段进行教学，即所谓教学方法，以及在教学过程中怎样培养和发展学生的学习兴趣、习惯和能力。

第三，设计教学过程。

教学设计要简洁，过程不要烦琐，步骤不要太紧密。教学步骤越简单、清晰，给学生留下的自主学习空间就越大，教师讲课也就越能伸缩自如，越能把课讲活。

教学“大序”确定之后，并非一成不变，教师上课时也要根据课堂进程和学生的反馈进行随机调整。教师驾驭学生思维的艺术，绝不在于事先把自己的每一条思路都规定好，并且只讲事先准备的东西。“真正的教育技巧和艺术就在于，一旦有这种必要，教师就能随时改变课时计划”（苏霍姆林斯基语），也只有这种“随时改变”才能适应学生自主学习的需要。

第四，设计课堂提问。

课堂提问只是阅读教学的一种辅助手段，应该起到一种引导学生自己读懂的作用。因此，课堂提问一定要为学生的自读服务。

（1）不要数量而要质量，能启发学生思维的积极性、提高学生思维质量的问题才是好问题。

（2）要针对全篇、全段，设计具有提携作用的问题。

（3）要针对关键内容、规律性知识和能够培养学生智能的因素设计问题，不可只针对课文内容设计问题。

（4）问题要使学生感到有兴趣，乐于动脑思考；答案最好不是唯一的，以便激发学生个性化的学习。

（5）不问学生已经掌握了的内容和完全不懂的内容，要问学生一知半解、似懂非懂的内容。

（6）设计能够促进学生自读自悟、自主学习的问题：① 在内容的矛盾处设问；② 在内容的对比处设问；③ 在内容的变化处设问；④ 在内容的重复处设问；⑤ 在课文的含蕴处设问；⑥ 在课文的细节处设问；⑦ 在课文的跳脱和突然停止处设问；⑧ 在文章的题眼处设问；⑨ 在事物的联系处设问；⑩ 在学生的不意处设问；⑪ 在最佳的时机上设问。

（7）用给学生提供自主阅读的机会和条件代替提问，如读后说、读后写等。

第五，启发学生质疑问难。

要带动学生反复思考，特别要培养学生提出问题的能力、习惯与兴趣，允许和鼓励学生发表不同的见解，情况允许时可展开辩论。

思维是一种精神活动，这种活动常常是由产生疑问开始的。学生发现了某种问题，便是他们学习知识和自主钻研的开始。教师利用质疑问难，能很好地调动学生思维的积极性，促进他们自主阅读的习惯和能力的养成，能一改学生的“被动接受”为主动的发现和探求。小学生在课堂上提出问题，虽然还算不上什么创造，但从他们的学习状况来看，却是一个质的飞跃。我们必须训练儿童愿意思考、善于思考的习惯和能力。他们凭借这种能力，才可以自主学习、自主发现。

培养学生提问、释疑，积极地自主思考是需要一个过程的，大致可以分为三个阶段。

第一阶段是启发、诱导阶段。教师先要培养学生提问的兴趣，主要着眼于“愿问”和“敢问”。在这一阶段，学生在提问时偏重于字词或故事情节，提问的意识比较脆弱，需要教师耐心扶持。即使学生提的是不着边际的问题，教师也不可轻视或敷衍，以免给学生泼冷水。

第二阶段是培养、提高阶段。教师要从培养学生提问的习惯着手，要关注“善问”。“敢问”不难，“善问”却不太容易。提不出什么问题的学生，一般是理解力不强、思路狭窄、观察粗糙、自主发现能力较差的学生。教师对他们要有耐心，急躁不得，慢慢地培养他们在提问的过程中提高问题的质量。在这一阶段，学生提问的内容大致涉及不理解的句子、文章的内容和结构、词语的修饰和使用等方面。这一阶段历时较长，但学生进步也大，课堂讨论气氛相当热烈，时有争辩，但独立的、创造性的思维还显欠缺，教师的训练工作仍很艰苦。

第三阶段是开掘、探索阶段。教师要善于培养学生独立思考、深入探究的习惯。在这一阶段，学生的提问往往涉及文章的表现手法、中心与主题、人物特点和性格等方面。

要广泛发动学生质疑问难，教师就必须努力学习，做到教学相长。质疑问难这一教学手段的目的，是为了培养学生的思维能力，提高学生自主阅读的能力，离开了这一点，就失去了意义。对于问题的解释，教师绝不能只满足于得到结果，而要把功夫下在解决问题的过程中。在这个过程中，教师要引导学生学会思维的方法，提高思维的质量，同时获取新鲜活泼的知识；要研究学生认识事物的过程，摸准脉络，抓住规律。

第六，读写结合。

读写结合的结合点是人的认识。阅读是人对客观世界的间接性的认识活动。没有这种活动，人的认识就只能停留在各自的实践和口耳相传的低级阶段。学生在阅读中认识了形形色色的事物，学习《桂林山水》，就认识了这片山水之美；学习《飞夺泸定桥》，就认识了红军部队的作战精神；学习《詹天佑》，就认识了这位杰出的工程师，同时也认识了表现这些事物、人物的手法。学得越多，认识水平也越能得到提升，即所谓“秀才不出门，能知天下事”。而写作则是运用这些认识的过程。对事物认识的能力越高，就越能写出有血有肉的文章。若没有对社会生活形成一定的认识，要想写出一篇有理有据、有情有趣的文章，基本是不可能的。因此，我们在阅读教学中就有一个提高学生认识事物能力的任务。学生有了认识能力，就能从日常生活中耳闻目睹的一件件“小事”中发现它的写作价值。

有的老师特别喜欢让学生收集并记录“优美”的词语，实际上，在写作时，还要看学生对词语的运用能力。每一册教材上都有几十篇文章，它们记叙了几十种事物。如果我们善于引导学生在学习语言的过程中认识这些事物，那将是“利莫大焉”的事情。丰富的写作内容依赖于认识能力；有了写作素材，把它组织成有条有理的文章，同样依赖于认识能力。认识决定了文章，文章反映了认识，离开认识就没有文章。所以教师在阅读教学中提高学生的认识能力，实在是读写结合工作的首要一步。教师可以结合具体文本设计一些写作练习，“读后写”就是一种很好的方式，比如：

（1）让学生仿照课文的语言，仿写一段文字。

（2）让学生写几句对文章的感悟，甚至是评语。

（3）让学生根据课文讲明的道理写一句格言、警句。

（4）学了《飞夺泸定桥》，让学生看插图写一写“夺桥英雄谱”。

（5）学了《西门豹》，让学生写一写他们心中的“痛快”。

（6）学了《我的伯父鲁迅先生》，让学生写一写“四周黑洞洞的，还不容易碰壁吗？”的含义。

（7）学了《最珍贵的东西》，让学生也写写“最珍贵的东西”。

（8）学了《天游峰的扫路人》，让学生写一写“身边的扫路人”。

凡此种种，不胜枚举。原则上每节课都应有这种练笔。教师还可以根据课文让学生进行缩写、扩写、改写、续写等。写“类日记”（即不定期地写点儿随笔）也是可取的方式。不是天天写当天的事（那样容易形成流水账），而是随机写一篇小文。教师也可以布置一些题目让学生写片段作文，题目要有趣，比如“小孩小，老人老”，让学生通过外貌、动作、语言、神态、心理写出小孩很小，老人很老，但不能使用“小”“老年”“年幼”等直接叙述的词语。教师要开动脑筋，创造更多的写作内容和形式。

另外，我们可以在阅读课上有意识地对学生进行口语表达训练。针对年级较低的学生，教师也可以利用听写，如听写句子、句群、语段，让学生多感受书面语言的规范与精致。

自主写作的指导方法

从一般意义上讲，一篇作文是由三个部分组成的 —— 对生活的观察和体验、对生活的思考和提炼、对生活的反映和表现。这三者组成一个动态的整体的结构。如果没有对生活的体验和认识，作文就缺乏情感、智慧和理性。过去，人们对作文教学的认识和实践存在一定的误区，有人认为作文就是教给学生写作方法：怎样开头，怎样组段，怎样成篇，怎样结尾。这样做，只注意了传授写作形式，却忽视了丰富学生对生活的体验和认识，这其实是逼着学生做无米之炊。

实际上，作文的重点和难点是确定内容（即选材）。学生提起笔来觉得没的可写，概出于此。其原因就在于他们缺乏生活体验，特别是对生活中的一些现象认识不足，不能认识事情的起因、经过、结果，不能认识它们的内在联系。归根结底，是他们认识事物的能力限制了写作。

培养学生自主写作，也应该从培养和改善他们的学习兴趣、学习习惯、学习能力（包括认识能力）开始。教师首先应该考虑的是充实写作的内容。内容决定形式，有了内容，怎样写的问题往往迎刃而解。再加上阅读课上学到的文章结构和遣词造句的方法，学生写作文就不会有太大问题，就能够逐步写成文章，有所进步。这时，他就对写作文渐渐有了兴趣，养成了习惯，提高了能力。

在作文指导中，教师要做好以下几点。

第一，重点要求，积少成多。

教师针对高年级学生的作文指导，主要是在日积月累的阅读教学中潜移默化地进行的，而习作前的指导，主要是引导学生审题（指命题作文），确定中心，拓展思路。教师可借助审题，告诉学生拓展思路的四种方法。

（1）转换题材。如《快乐的日子》，本为写事，但如无事可写，即可转为写人（遇到一个人，他使人快乐）；也可转为写景（看到美景，心中快乐）；亦可转为写物（看到精美的东西，心中快乐）。

（2）"大题小做"。如《保护环境》，可写自己身边的小事;《和谐社会》，可写和谐的家庭、和谐的校园。

（3）小题大做。如《春天》，可从自然的春天引申为校园的春天、祖国的春天;《一条小路》可引申为光明大道或人生之路。

（4）思考喻义。如《一张白纸》可引申为可画最美的图画;《墙》可喻为隔阂，再写故事。

学生审题时，教师要提出本次写作的要求。写作要求体现了作文的训练目的，要防止要求过多、面面俱到。一般在每次作文训练时，教师可根据训练目的，提出一两项重点要求，使学生能够集中精力，积少成多地受到某一方面的锻炼。这样的训练，看起来减少了要求，学生学得少了，但是，没有局部的“少”，就没有整体的“多”；没有暂时的舍弃，就没有长远的收获。同时，教师要分散作文训练的难点，使各个难点分别在各次作文中作为重点来抓，每次提出的作文要求比较单一，使学生容易做到，并能消除部分学生对作文的畏难情绪，提高作文的成功率，便于激发其对写作的兴趣。

第二，精批作文，学生修改。

作文训练不应该教一样，练一样，而要从“教是为了达到不需要教”的基点出发。现在学生写作文是在有教师指导的情况下完成的，教师要考虑到学生的将来，若脱离了指导他们还会不会写作文，这就要培养学生独立写作文的能力了。教师改进作文批改方法，有助于帮助学生养成独立写作的能力。

“精批”的“精”，不是精细，而是精到、有重点。这个重点要与本次作文的要求一致。教师可事先告诉学生各种批改符号（如错字、病句、次序调换、补充描写的批改符号）。教师可在学生作文本上画出各种相应的符号，也可以写简单的批语。学生要按照符号所指出的问题修改自己的作文，这就把一次作文变成了两次，同时也减轻了教师批改作文的负担。这种批改可逐步过渡到学生自己修改作文（自己发现问题，无须教师再用符号指出）。

第三，活页作文，公开展出。

作文本是一种传统的作业形式，但它是封闭的、不开放的，不开放就不能搞活，不利于互相交流。小学高年级学生已经具备了较明显的评价意识，能够通过比较，发现别人的优点和自己的缺点。废除作文本，让学生把初改后的草稿誊抄在特制的四开大的活页纸上，教师在批改时，就可以在作文写得好的纸上画上“△”号，供大家交流欣赏。学生修改自己被画了符号的地方。这样就培养了学生阅读、批改的习惯和修改作文的能力，也提高了他们对作文的兴趣。

第四，辅助练习，形式多样。

若只按教材要求做几次作文练习（或称为“大作文”），显然不足以尽快提高学生的作文水平，因此，教师有必要通过一些灵活多样的辅助性练习（可称为“小作文”）对学生进行专门训练，如前面提到的缩写、扩写、续写等，还可以采取如下形式做练习。

（1）片段写作。教师可根据训练目的，把片段写作练习的题目分组出示，如描写天气的“和风细雨”和“倾盆大雨”，“新秋乍冷”和“冬夜深寒”，“烈日炎炎”和“阴雨绵绵”等；描写人物的“稚幼儿童”和“耄耋老人”（可先解词），“街头小贩”和“公司老板”等；描写事物的“阡陌小巷”和“通衢大道”，“喧闹市场”和“寂静山林”等；描写景物的“春花盛开”和“秋风落叶”，“蓝天白云”和“乌云压顶”等；描写动态的“拔河比赛”和“作文竞赛”（一动一静），“乒乓健儿”和“太极老者”（一刚一柔）；等等。学生通过强烈的对比，逐渐学会抓住事物特点进行描写。

（2）听写故事。教师读故事，让学生静听，然后写下来。教师可根据学生所在的年级选择故事，针对中年级学生可听写简短的成语故事，对于情节较复杂的故事可让学生在听后先说后写，可要求六年级学生在写作时采用故事中的词语和好句子。

（3）供词写作。教师提供如北风呼啸、天寒地冻、白雪皑皑、寒气逼人、滴水成冰、寒风凛冽、漫天飞雪、银装素裹、冰天雪地、冷风刺骨等词语让学生写严寒天气；提供狂风袭来、大雨倾盆、水流四溢、阴云密布、电闪雷鸣、雷电交加、乌云滚滚、雨急似箭、暴雨如注、泄水成帘等词语让学生写狂风暴雨；还可以让学生写春天、百花、笑脸，等等。每组词语要有五到十个，供学生选用。

（4）看图写作。教师给高年级学生提供故事图片，要求学生针对同一个故事做个性化表达。学生可在布局谋篇，遣词造句，对人物、事物、景物的描写中发挥己长，写出不同的文章。

（5）描写某次活动。教师可带学生参观工厂、超市、公园、体育场等地后，让学生写记事文；或让学生针对做小实验、参加比赛、捉迷藏、野餐等活动写出活动的经过和感受等。

（6）修改文章。教师打印一份有各种错误的文章，发给学生人手一份，让学生用修改符号修改，并写上评语。

经过这些形式多样又有趣的训练，学生的写作兴趣、写作习惯和写作能力，肯定会得到培养。这是他们由“奉命写作”走向“自主写作”的必由之路。

第五，自编文选，扩大积累。

为了进一步提高学生的学习积极性，扩大他们的知识储备，教师可选取本班学生的优秀作文，随见随印，人手一份，到学年末，编成一本班级作文选。在编选过程中，教师可根据具体情况，将进步较大或有明显特点（虽然全面衡量并非最优）的作文破格选入。有条件时，还可以把文选搞得精一些，如加上简明评语、绘制插图进行美化等，使学生爱不释手。编成选集后，还可以请家长评选最优作文若干篇，请家长给自己的孩子买奖品，再请校长代发奖，予以奖励（这样做应该不违规）。

这样一本文选，可以很好地激发学生的上进心。他们见到和自己写作水平不相上下的同学的作文都能入选，也会努力写好作文，争取“榜上有名”。学生人手一本这样的选集，就给他们提供了经常学习的范例，有利于他们积累语言材料。学生对这种与自己关系非常密切的作文选集，有着特殊的感情。有的学生甚至在进入高等学校之后，还珍重地保存这本作文选集，并拿着当年的作文选集拜访老师。

文本解读怎么做

上课是老师的主要任务，上课前的主要工作是备好课，而要备好课则首先要认真地做好文本解读工作。

文本解读就是教师在阅读文本的过程中，仔细思考文本，从而对文本有充分的把握。就一般的文本解读来说，教师主要需把握以下几点。

（1）整体地、精准地把握文章内容，尤其要抓住主要内容。

（2）把握文章的结构类型和结构层次。

（3）把握文章各部分（段）之间的分隔和联系、各部分与整体之间的联系、各部分对整体内容所起的作用。

（4）把握文章的情感基调以及所使用的抒情方法。

（5）把握文本的主旨，也就是文章的中心思想。写事的文章要弄清事情阐明的道理，写人的文章要抓住人物的特点。

（6）把握文章的主要表现手法。

（7）把握文章的语言特点，抓住文中精彩的句子和段落，明白文中使用了什么修辞手法。

（8）把握文中的生词、难字。

（9）把握所教年级及所教学生的情况。

下面给大家提供几个文本解读的例子作为参考。

例 1:《草原上的花》文本解读与教学思考

作者以清新、活泼、机巧、有韵致、儿童化的语言，赞颂了草原花的美，赞颂了大自然的美。文章读起来亲切、自然、流畅，能很好地激发读者的想象，给人以美的享受。

草原上的花

/楚　楚/

草原上的花并不比草少多少。有些季节，有些地方，花比草还多。

草原上的花从来不用“朵”或“片”来形容，因为它们多得就像夜空中的繁星，无法用量词来限定。

草原上的花从来没有名字，就像大海里的水滴，谁会在乎它们分别叫什么名字呢？

草原上的花不计较形状，因为它们有太多的形状。许多花的形状奇怪得让人怀疑它们是别的什么生灵，借了花的名义来世界上投生。

草原上的花有太多的颜色，比画家，比人类，甚至比神仙所能想象到的色彩还要多得多。

草原上的花不香，因为对它们来说，这是可以忽略不计的。它们觉得，香味是俗气的，是外加上去的。它们有自己的体香与心香。它们就是要花着自己的花，叶着自己的叶，美着自己的美。

草原上没有“野花”这个词。一个个蒙古包就卧在草原上，就坐在花园中，牧民就是花园主，哪里有什么“家花”和“野花”的分别！也许不是大自然种了花草，而是花草栽种了蒙古包。牧人就是花翁、花姑、花仙、花神。

有位作家写道：“我一回头，身后的草全开花了，好像谁说了一个笑话，把满地的草全惹笑了。”草原上的花长得小鼻子小眼小耳朵的小模样，大堆大堆簇拥在一起，让人觉得它们总是眯着眼在笑，像温柔而羞涩的少女抿着嘴，笑不露齿。

草原上的花也有咄咄逼人的气势。看它们野性十足的生命力，总觉得即使是最残酷的条件也奈何它们不得。进入冬季，它们也“冬眠”，只是先把花衣服脱下来睡一会儿，花魂是醒着的。来年一开春，披上衣服开着的还是它们。因为它们是大自然自己的花，是大自然亲自生下来的。它们与土地息息相通，连花茎下的泥土，花瓣上的微尘，也是花的一部分。

草原上的花究竟有多美，人类只能词穷！草原上的花，即使把它们直接移植到天堂里去，也毫无愧色。

全文大致可分为五个部分。

第一部分（第 1、2、3 自然段）：主要写花多。毋庸置疑，花本身就是美的。一朵花是美的，但难免孤独、单调；一片花是美的，却仍然因常见而不足为奇。草原上的花，多得比草还多，多得不能计量，多得无法给它们起名儿，就成了奇观，就真的美不胜收了。作者被草原上的花惊呆了，以至拙口笨舌，语言简单到如此直白，只能用繁星和水滴打了两个比方。

第二部分（第 4、5、6 自然段）：从表面看来是写花的形、色、味，但作者却无法写出这形、色、味。面对如此多得不可想象而又无不具有独特个性的形状和颜色，作者“词穷”了；面对花的味，作者同样“词穷”，因为草原上的花根本不计较什么香不香，它们只是自然、本真地展现了自己肢体与灵魂的高雅、圣洁（“体香与心香”），展现了生命的魅力。因此，作者只好说它们“花着自己的花，叶着自己的叶，美着自己的美”—— 草原上的花不需雕琢，不必张扬，恣情生长，各自为形，自然生色。它们不媚不俗，不卑不亢；它们只要蓝天、白云相伴，并不企盼欣赏者驻足；它们只知道生命的真实，生活着自己的生活。

第三部分（第 7、8 自然段）：写花和人的关系。草原上的花和牧人是“一家人”。草原上的花给人带来欢愉 —— 花虽无言，但它们和人一样长着小鼻子小眼小耳朵，有自己的小模样。它们能感受快乐，它们有灵性。它们会笑，它们笑得壮观而又温柔、羞涩。这花的笑，其实就是草原人的笑，因为花的生命与草原人的生命是连在一起的。在这里，作者采用拟人与比喻兼用的手法，来表达对草原上的花的赞美之情。

第四部分（第 9 自然段）写花的生命力。“咄咄逼人”和“野性十足”突出了草原上的花的另一种自然本色。“花魂是醒着的”，形象生动地揭示了草原上的花无限延续的生命。这使我们不能不想起白居易“野火烧不尽，春风吹又生”的诗句。是大自然，是土地给予了草原上的花如此博大而又如此细腻、如此平凡而又如此灿烂的生命。作者把花简直当作小姑娘，怀着柔情，怀着爱意，写出了自己心中的感受。

第五部分（第10自然段）是全文的收束，极言花之美。文章写到这里，作者仍然欲说无词，终于不得不承认“人类只能词穷”。在草原上的花面前，任何语言都是苍白无力的，只有用心灵去领悟，用真爱去感受。此处无声胜有声！

通观全篇，作者以蘸满情感的笔，抒写了对草原上的花的挚爱之情，赋予它们鲜活生命的意义，赋予它们自然之子的光荣。

教学本文，建议教师从下面几点考虑。

第一，通过阅读，陶冶学生热爱大自然的情感，引导他们在学习文本的过程中形成审美情趣，提高审美能力。

第二，文章结构比较松散，应注意引导学生从整体上把握文本的内容与情感，建立统领性的认识，这对后续的学习十分重要。

第三，全文语言格调清新，特点突出。教师在教学中应重视让学生有感情地朗读和背诵，通过朗读深入理解语言文字，驰骋想象，体会文章情感，感悟内在意蕴。

第四，文中有不少句子写得或很机巧或颇有意趣，要引导学生读出情感。如“花着自己的花，叶着自己的叶，美着自己的美”（这是名词的使动用法。《史记·项羽本纪》中“范增数目项王”，其中的“目”就转化为动词，当看讲；“沛公军霸上”，“军”当驻扎讲。再如常说的“廉颇老矣，尚能饭否？”“饭”当吃饭讲。“衣锦还乡”，“衣”是穿的意思。现代汉语中也有，如“他会水”，“水”字当游泳讲）。我们对这样的句子不必深究，明义即可，关键是读出情感。再如“它们有自己的体香与心香”，“不是大自然种了花草，而是花草栽种了蒙古包”，“像温柔而羞涩的少女抿着嘴，笑不露齿”，“只是先把花衣服脱下来睡一会儿，花魂是醒着的”，“它们是大自然自己的花，是大自然亲自生下来的”，“它们与土地息息相通，连花茎下的泥土，花瓣上的微尘，也是花的一部分”，等等。这些句子越读越有意思，越读越觉得有一种与花融为一体的惬意和陶醉之情，要指导学生读出情感，展开想象。

第五，建议采用以下教学顺序:（1）让学生自读，然后自由谈初步感觉、想法或提出疑问;（2）再读，引导学生把握文本整体内容与结构;（3）逐步细读，指导学生有感情地朗读，体会文章的情感，随机解决学生的质疑;（4）请学生就感触较深的语句，自由表达见解;（5）请学生朗诵自己背会的句子。

例 2:《最珍贵的东西是免费的》文本解读与教学思考

《最珍贵的东西是免费的》是一篇内容新颖而实在、含义深刻而易懂的散文。文中富含哲理，议论里不乏抒情。作者通过对阳光、空气、亲情、友情等人人须臾不可或缺的事物的描写，举一反三，说明“最珍贵的东西是免费的”，表达了对自然、对社会的感恩之情，劝诫人们要热爱生活，珍惜拥有。

最珍贵的东西是免费的

/ 苇　笛 /

忽然发觉，在这个世界上，最珍贵的东西是免费的。

阳光，是免费的。芸芸众生，没有谁能够离开阳光活下去；然而，从小到大，可曾有谁为自己享受过阳光支付过一分钱……

空气，是免费的。一个人只要还活着，就需要源源不断的空气。可从古到今，又有谁为这须臾不可缺少的东西买过单？无论是贩夫走卒还是明星政要，他们一样自由地呼吸着充盈天地间的空气。

亲情，是免费的。每一个婴儿来到世上，都受到了父母无微不至的呵护，那是一份深入血脉不求回报的疼爱。可从没有哪一个父母会对孩子说:“你给我钱我才疼你。”父母的这份爱，不因孩子的成年而贬值，更不因父母的衰老而削弱；只要父母还活着，这份爱就始终如一。

友情，是免费的。寂寞时默默陪伴你的那个人，摔倒时向你伸出手臂的那个人，伤心时将你揽在怀里的那个人，可曾将他的付出折合成现金，然后要你还钱？

爱情，是免费的。那份不由自主的倾慕，那份无法遏制的思念，那份风雨同舟的深情，那份相濡以沫的挚爱，正是生命最深切的慰藉与最坚实的依靠。而这一切，都是免费的，更是金钱买不来的。

目标，是免费的。无论是锦衣玉食的王子，还是衣不遮体的流浪儿，只要愿意，就能为自己的人生确立一个目标。这个目标既可以伟大也可以平凡，既可以辉煌也可以朴素，只要你愿意，你就能拥有。

还有信念，还有希望，还有意志，还有梦想……所有这一切，都是免费的，只要你想要，你就能得到。还有春风，还有细雨，还有皎洁的月光，还有灿烂的星辉……世间多少滋润心灵的美好风物，都是免费的啊……

再不要对着苍天唉声叹气了，苍天是公正的，更是慷慨的；苍天早已把最珍贵的一切，免费地馈赠给了每一个人。

文章由九个自然段构成。第一段开宗明义，直接点明世界上最珍贵的东西是免费的。“忽然发觉”暗含着人们在日常生活中对一些事物的熟视无睹和习以为常。

接下来的六个自然段，作者从阳光、空气、亲情、友情、爱情、目标六个方面进行具体论述。六个方面的内容看似信手拈来，实则独具匠心，体现出从自然到社会、由物质及精神的叙述层次和顺序。每段都以相同的句式开头，形成排比，可谓一咏三叹，增强了文章的表达效果，也使文章的结构更加清晰、明朗。同时，排比句在文中也多次出现，如第五、第六、第八自然段中的句子。可见排比是作者在这篇文章中运用的主要修辞手法。另外，文章第二、第三、第五自然段各有一个反问句，既强化了表达的效果，也使文章的语言更加爽捷有力。

文章的第八自然段是一个特殊的段落，这一段在前面具体论述的基础上，又连续列举了信念、希望、意志、梦想、春风、细雨、月光、星辉等事物，并进一步阐述，使文章更具说服力。从整体来看，结构疏密有致，内容详略得当。

结尾一段照应开头，表达感恩之情，突出了作者对珍惜拥有、享受幸福的感慨，发人深省，引人深思。

毫无疑问，这篇文章告诉我们：在这个世界上，值得我们追求的“财富”很多，阳光、空气、亲情、友情、目标、信念……这些最珍贵的东西都是无法用金钱来衡量的，是无价的！

我们时常提醒自己天上不会掉馅饼。这个“馅饼”应该是指现成的、不劳而获的成果。而本文中这些免费的东西，是机会，是条件，是基础。我们只有珍惜它、运用它，它才是宝贵的。否则，这些机会和条件就会消失，即使是太阳也会燃烧殆尽。纯粹免费的东西总让人觉得不可思议，而小小的幸运又让人受宠若惊。在生活中我们与其依赖着幸运挪动，不妨试着用感悟去迈开更为开阔的一步。我想，文章应该给了我们这样的人生启示。

教师教学本文的主要手段是让学生读，特别是对排比句和反问句的诵读。要引导学生在充分阅读的基础上，弄清作者所讲的事理，体会文章的情感。一些精彩的句段要让学生背下来，并仿照作者的叙述方式，以第八自然段列出而未具体叙述的信念、希望、意志、梦想、春风、细雨、皎洁的月光、灿烂的星辉为内容，写出自己的认识和想法，相当于续写文章。

本文适合于六年级学生阅读，教师可以讲两课时。

例 3:《白蝴蝶之恋》文本解读与教学思考

作者借一只在春寒料峭的风雨中濒死的蝴蝶终又复苏、翱翔蓝天的故事，赞颂了生命的伟大，赞颂了渴望生命、追寻阳光的不懈精神，也抒发了作者热爱生命、敬畏生命，为生命的美丽和坚强而深深感动的情感。作者把这样一个宏大的主题，寄托在一只“轻柔纤细”的小蝴蝶身上，其用心用笔之妙不可言喻。

白蝴蝶之恋

/ 刘白羽 /

春意甚浓了，但在北方还是五风十雨，春寒料峭，一阵暖人心意的春风刚刚吹过，又来了一片沁人心脾的冷雨。

我在草地上走着，忽然，在鲜嫩的春草上看到一只雪白的蝴蝶。蝴蝶给雨水打落在地面上，沾湿的翅膀轻微地簌簌颤动着，张不开来。它奄奄一息，即将逝去。但它白得像一片小雪花，轻柔纤细，楚楚动人，多么可怜呀！

它从哪儿来？要飞向哪儿去？我痴痴望着它。忽然像有一滴圣洁的水滴落在灵魂深处，我的心灵给一道白闪闪的柔软而又强烈的光照亮了。

我弯下身，小心翼翼地把白蝴蝶捏起来，放在手心里。

这已经冷僵了的小生灵发蔫了，它的细细的足脚动弹了一下，就歪倒在我的手中。

我用口呵着气，送给它一丝温暖，蝴蝶渐渐苏醒过来。它是给刚才那强暴的风雨吓蒙了吧？不过，它确实太纤细了。你看，那白茸茸的像透明的薄纱的翅膀，两根黑色的须向前伸展着，两点黑漆似的眼睛，几只像丝一样细的脚。可是，这纤细的小生灵，它飞翔出来是为了寻觅什么呢？在这阴晴不定的天气里，它表现出寻求者何等非凡的勇气。

它活过来了，我竟感到无限的喜悦。

这时，风过去了，雨也过去了。太阳用明亮的光辉照满宇宙，照满人间，一切都那样晶莹，那样明媚，树叶由嫩绿变成深绿了，草地上开满小米粒那样黄的小花朵。我把蝴蝶放在盛满阳光的一片嫩叶上，我向草地上漫步而去了。但我的灵魂在呐喊——开始像很遥远、很遥远……我还以为天空中又来了风、来了雨，后来我才知道就在我的心灵深处：你为什么把一个生灵弃之不顾？……于是我折转身又走回去，又走到那株古老婆娑的大树那儿。谁知那只白蝴蝶缓缓地、缓缓地在树叶上蠕动呢！我不惊动它，只静静地看着。阳光闪发着一种淡红色，在那叶片上颤悸、燃烧，于是带来了火、热、光明、生命，雨珠给它晒干了，风沙给它扫净了，那树叶像一片绿玻璃片一样透明、清亮。

我那美丽的白蝴蝶呀！我那勇敢的白蝴蝶呀！它试了几次，终于一跃而起，展翅飞翔，活泼伶俐地在我周围翩翩飞舞了好一阵，又向清明如洗的空中冉冉飞去，像一片小小的雪花，愈飞愈远，消失不见了。

这时，一江春水在我心头轻轻地荡漾了一下。在白蝴蝶危难时我怜悯它，可是当它真的自由翱翔而去时我又感到如此失落、怅惘。“唉！人呵人……”我默默伫望了一阵，转身向青草地走去。

文章第一部分（第 1、2 自然段）写作者发现了“奄奄一息”的小蝴蝶。作者刻意描述了它的柔弱无助，“沾湿的翅膀轻微地簌簌颤动着，张不开来”，说它“轻柔纤细，楚楚动人，多么可怜呀”，表达了对这细小生命的怜爱之情。

第二部分（第 3 到 7 自然段）上承前段写作者感到“有一滴圣洁的水滴落在灵魂深处”，小蝴蝶细小的身躯像“一道白闪闪的柔软而又强烈的光”，照亮了作者的心灵，于是，他“小心翼翼”地把小蝴蝶捧在手心，并精心地呵护，直到“它活过来”。由于小蝴蝶已在掌心，方便仔细观察，作者细致地描写了小蝴蝶的“纤细”，与“何等非凡的勇气”，构成鲜明的对比，有力地赞扬了热爱生命、追寻生命这一伟大的壮举。

第三部分（第 8、9 自然段）写小蝴蝶战胜死亡，飞向蓝天。生命离不开灿烂的阳光。在这里，作者用了不少笔墨赞颂太阳使万物生动，使生命鲜活。作者把复生的小蝴蝶放在“盛满阳光的一片嫩叶上”，但他又惊恐风雨再来。直到他亲眼看见了美丽而勇敢的小蝴蝶“一跃而起，展翅飞翔”，而且在他周围“活泼伶俐”地“翩翩飞舞”，“愈飞愈远”。在小蝴蝶呼唤生命的那一刻，作者描述了“淡红色”的阳光“在那叶片上颤悸、燃烧”，“带来了火、热、光明、生命”，“那树叶像一片绿玻璃片一样透明、清亮”，为生命的归来，创设了辉煌灿烂的情景。这热烈奔放又清澈明净的情景，令人感动。

文章最后作者写自己心中又起波澜——既有因怜悯和拯救生命而产生的无限喜悦，又有因生命的真正自由而感到“失落、怅惘”。但这绝不仅仅是作者个人的深情和离愁，而是人类的普遍心理。作者用“人呵人”三个字，呼唤真挚而彻底的爱，呼唤超越功利的纯粹的爱，呼唤人们在拯救生命时应该尊重生命的自在境界，还生命原本的生存状态。

在整篇文章中，作者以“恋”字贯穿全文，用清新温婉、生动感人的语言，讴歌了生命的坚强和不屈，讴歌了生命在逆境中的抗争，讴歌了小蝴蝶对生命的深深依恋之情。同时，也表达了作者对生命（小蝴蝶）的依恋之情，以至几次触动了灵魂。其用意之深，用笔之神，无法细述。

教师教学本文可以以文题中“恋”字的两重境界为切入点，带动学生对全文的阅读理解，这样就抓住了文章的两条主线，“分进合击”，引导学生深入体会生命的可贵。

在教学中，教师应引导学生反复吟诵一些关键语句，体会文章的情感，加深感悟。

建议板书：

小蝴蝶对生命之恋	顽强抗争、追寻生命
作者对小蝴蝶之恋	

我这样备课

备课是教师在授课前对教材的内容、结构、情感等方面做深入分析，再针对所教学生的情况，结合自己的教学特点，联系以往的教学经验，思考、选择与确定教学方法的过程。而写教案，则是对上述理解、思考、选择这一备课过程的书面记录。

我通常按以下顺序备课。

第一，细读一遍，抓住根本。

备课肯定要先读教材，但我在接触课文时并不多读，而是只读一遍。若读的遍数多了，对课文所有内容及结构的“枝枝叶叶”就会了然于胸，反而不知道该讲什么、该怎样讲了。我读这一遍课文，是非常认真、非常仔细的，读完了就合上书回忆，在回忆中抓取这篇课文最突出的特点和给我留下最深的印象是什么。因为只读一遍，所以在头脑中能留下深刻印象的东西，应该就是作者浓墨重彩要表达的主要内容。抓住了这些，就抓住了主干。

如《曼谷的小象》一文，我读完后会在脑子里留下这些印象：曼谷郊外绿油油的禾苗、点缀着野花的草地、天空中不断变换色彩的晨雾、一个漂亮的泰国妇女、一头乖巧听话的小象、一阵悦耳的铃声、一则关于友善助人的故事……所有这些，在我脑海中形成一幅和谐、美丽的景象。真美啊！我不由得赞叹。于是，我意识到，作者把这么多美好的东西都集中到一个并不复杂的故事中，是要表达一种自然的美、生活的美、人性的美。一个“美”字就是我对本课最重要的认识。有了这个认识，我就会引导学生在阅读的过程中寻找美、发现美、表现美、欣赏美、体味美、享受美，从而在学习语言文字的同时，培养学生的审美情趣和审美能力。

有了对教材的基本认识和基本的教学策略之后，打开书再来读。一是对已有认识做进一步的印证，二是从教材的章节、语句中了解作者对这些

“美”是怎样具体表达的，体会蕴含在字里行间的情感，使语文的工具与人文因素在教师的教学认知和教学操作中达到统一。

第二，注重实质，简化课堂。

内容决定形式。一旦我们把握了教材内容（不只是文章内容，也包括语言运用、表现手法、结构特点、思想情感等），教学方法上的问题也就不难解决了。但在构想、设计具体教学过程及方法时，一定要简洁、平实，不能贪多求全、复杂烦琐，也不能华而不实。

其一，简化课堂，要举一反三。学习每一篇课文都要由此及彼，举一反三，不要犯了叶圣陶先生指出的错误——不适当地强调所读内容而把语文本身的规律放在次要的地位。只有明确了这一点，我们备课才有了正确的着眼点。

其二，简化课堂，要择要而教。一篇课文往往有许多可教的东西，但我们的教学却要在一定的时间内完成，这就决定了我们必须对教学内容有所取舍。看起来，我们教学的东西是“少”了一些，但我们在以后的教学中可以把曾经舍弃的东西作为重点内容来教。这就是辩证法：没有暂时的舍弃，就没有长远的取得；没有局部的少，就没有整体的多。

其三，简化课堂，要扩大效果。教师备课不能把自己的思考局限于眼前这一篇课文，应该力求扩展本篇课文的教学效果，使之产生扩散效应。这也是一种“反三”。只有既能钻进去，又能跳出来，才表明教师对教材有深刻的理解。

其四，简化课堂，要精心设问。提问可以启发学生思维，突破教学重点、难点，但我们发现，有些教师的课堂提问却阻碍了学生自主的、个性化的学习，原因出在问题设计上。问题太多，问题太滥，问题太浅，提问时机不对，问题没有启发学生质疑，这些现象在课堂上屡见不鲜。在备课时，我要求自己尽量减少课堂提问，尽力设计出能引起学生兴趣、有可能激发学生独特体验、覆盖面宽的问题，对许多课文只设计一个提携全文的问题。这样既有助于培养学生全面而又具体地分析问题并提出自己观点的能力，又有助于培养学生独立思考的习惯。

第三，驾驭课堂，随机调控。

教学设计只是教师在上课前对课堂教学做的一厢情愿的预设，不一定符合学生的实际情况，更不一定适应课堂教学过程中随时可能出现的情况。因此，对具体的教学过程，教师可以只设计简单的几个大步骤，对一些细节问题则根据教学的实际进展随机调整。“一个好的教师，好就好在他能觉察课的发展情况，能正好从本节课发展的逻辑出发，按照此时此刻是唯一正确的道路走下去。”（苏霍姆林斯基语）“驾驭课堂”就是要驾驭学生的学情，驾驭学生的思维动态，而不是驾驭教案。

教学预设要指向内在的生成

所谓的预设，一般来讲，就是我们平常说的备课 —— 对课程的设计。教师讲课若没有预先对课程进行设计，肯定是不行的。可以说，没有预设，就没有生成。但是要想在课堂上有正确的、可持续的生成，就要特别讲究预设什么、怎样预设。

课堂是学生智力活动的场所，教师在课堂教学的过程中，要力求学生身心都得到发展，特别是要让学生在知识的积累、技能的形成上，得到实实在在的发展。也就是说，我们的课程预设一定要有目的，要有具体的针对学生内心需求的策略。好的课程预设有这样五个特点：

（1）要有思维训练的价值；

（2）要适合学生实际发展的可能（即基础和最近发展区）；

（3）训练内容必须是学生感兴趣、愿意积极参与的；

（4）必须给学生留有足够的思维与想象的空间；

（5）应该使学生将课堂学习所得，逐步纳入其已有的知识结构中去，形成有规律的、便于提取和运用的链条。

举例来说，对学生实施灌输式教学之所以应该受到批判，就是因为灌输式教学不是建立在学生自主学习的基础上的，忽视了学生主观能动的参与，忽视了学生生命的主动发展。在语文教学上，灌输式教学表现为不注重学生的自主领悟和自主表达，不注重学生读写能力的自主形成。目前，纯灌输式的教学是比较少见了，但在教学中，我们仍能看到它的影子。例如，有的教师对某个问题事先有了自己的见解，上课时就千方百计地把学生的发言往自己的思路上拉。灌输式教学表现在问题设计上，往往是一个问题只有一个答案，如果学生的答案不符合教师的想法，教师就指问另外的学生，直到与其预定答案相同。这样的教学不会让学生产生智慧的火花，更不能推动学生思考和想象。

课堂提问的质量直接影响课堂生成的质量。

好的课堂提问，给学生留有很大的空间，能激发学生认真、深入的思考，具有良好的思维价值。比如，在讲《放弃射门》一课时，教师问："福勒算不算一个优秀的球员？"学生以文本为依据，各抒己见，充分表达了对比赛胜负与体育道德的认识。有的学生在发言时融汇了文本的各段内容，显示出了高度的整体意识；有的学生结合自己在体育比赛中的经历，表达了独特的感受。这样的提问有效地促成了丰富的课堂生成。

好的课堂提问，不应该只是为了完成预定的教学程序，而应是为学生的课堂生成创造一种条件，提供一种机会。学生有了这样的条件和机会，就能积极地投入到对知识的思索和应用中，从而提高学习兴趣，形成学习能力，并养成良好的学习习惯。另外，我们所期望的"生成"，不仅仅表现在学生阅读、表达这些外显的成果上，还应表现在学习能力、学习习惯、学习兴趣等内在的学习品质的养成效果上。比如，在阅读并深入理解了课文《匆匆》后，学生写出了许多珍惜时间、珍惜生命的精彩句子——即他们自己的格言。这是外显的课堂生成。在学习《再见了，亲人》一课时，教师反题意切入课文，提出了中、朝人民没有血缘关系，不能算是亲人的观点。学生纷纷举手表示不同意。教师借这种"愤悱"，让学生仔细阅读文本，抓住文章所描述的事实，深入地理解并内化为自己的认识，进而表达自己的观点。学生们随后在阅读中勾画、圈点、批注，然后发言。许多学生能围绕中、朝人民是不是亲人这一问题，采用分析、引用、判断、推理等方法，表达自己的观点，并学习应用文本中多次使用的反问句来"说服"教师。教师设计的这个问题给学生创造了思考、想象、表达的条件，提供了思辨的机会。他们的发言是外显的生成，而在发言的过程中，他们学会了分析和解决问题的方法，提高了学习能力，也提高了学习兴趣。这些学习品质的养成，不是某一个具体学习情境的成果，而是更为基本也更为重要的课堂生成，是内在的生成。

我认为不能单纯地说应该重视预设或重视生成。好的预设确实能促进生成，但是，有时课堂的生成并非来自教师的预设，关键还是要看预设的内容和形式，看课堂教学是不是开放而又有活力。有一次，我在课堂上讲友情珍贵时，一个学生说：“我不相信友情珍贵。我小时候摔坏了腿，现在都不能正常走路，人人都讥笑我。班里的同学也常常拿我寻开心，我体会不到友情珍贵。”该生说话时表情沉重，以至掉下泪来。其他同学在吃惊之余，纷纷举手表示愿意帮助这位同学，使他感到生活和集体的温暖。这样的生成，是教师无法预设的，它只能产生于自主、宽松、学生积极参与的课堂。因此，课堂生成取决于预设，又不仅仅取决于预设，一切生成都是课堂生命力的体现。开放的、有活力的课堂教学是促进有效生成的根本因素。

预先设计的教案不是僵死的，不是一成不变的，上课也不应原封不动地照本（照课本、照教案）宣科，而应有更多的弹性，教师要加强对课堂的随机调控。一个好的教师应该做到依据学情，随时调整教学内容和方法，加强对学生思维动态的引导——这才是真正的驾驭课堂（而不是驾驭教案）。这样的教学，往往更容易触发学生的灵感，产生令人意想不到的生成。

阅读教学要使思想感情得到交流

小学高年级的语文老师很喜欢《草原》这篇课文，说老舍先生把草原的风土人情简直写“绝”了。但不少老师觉得这一课很不好讲，这是怎么回事呢？原因当然有很多，我在这里着重就阅读教学要使作者、教师、学生三者的思想感情得到交流这个特殊的问题做一些探讨。

人们常说，教语文要晓之以理，动之以情。意思是说，教师必须揭示文章蕴含的道理，使学生提高认识事物的能力，从中受到教育；还要帮助学生体会文章的情感以拨动他们的心弦，使他们受到文章的感染，与作者心心相印，同忧喜、共憎爱。这种道德的陶冶和情感的共鸣，反过来能促进学生更好地领会和学习文章布局谋篇、遣词造句的妙处。

每篇文章自有它的特点。《草原》是老舍先生访问了陈巴尔虎旗之后写的一篇抒情散文。作者借描写草原优美的自然风光、淳朴敦厚的民族风情，歌颂了蒙汉人民深厚的情谊，抒发了第一次来到草原时的那种新奇、美妙、惬意、留恋的情感，笔触所及，处处含情。因此，教学这篇文章，其成败的重要因素就在于，教师能否引导学生深入体会作者的思想感情，实现作者、教师、学生三者思想感情的交流。

以《草原》第一段为例，作者初见草原，立刻被草原的美景所吸引。作者把自己对草原景色的观察和情感的抒发紧紧地结合在一起，确实是触景生情，情景交融。那么我们在教学这一段时，就要引导学生仔细认真地阅读作者所描写的草原美景，一边读，一边想，将这些美景在头脑中形成一幅幅的图画（产生“内心视像”），然后结合课文有关语句，想象作者当时的心情（若学生没有去过草原，则可借助图片、幻灯片或让他们回忆电影、电视中的镜头，尽量把学生的想象与实际生活感受联系起来）。在学生对课文有了基本的理解和体会以后，教师可结合自己对作品的领会设计问题，引导学生进行讨论，使学生的认识进一步深化。

我设计了这样一个问题：本段中“使我总想高歌一曲”和“又想坐下低吟一首奇丽的小诗”这两个抒情的句子可以调换一下位置吗？起初学生发言人数虽不少，但都没有说中要害。这说明他们这一阶段的阅读和体会，多是对语言文字表面意义的认识，没有达到与作者进行感情交流的程度。这时，教师通过有感情的示范朗读和绘声绘色的描述，引导学生站在作者的立场上，置身于作者所描述的情境中去体会作者当时的心情，让学生想一想、谈一谈：“高歌”前作者看到的是什么景色，会产生什么样的心情？后来又看到什么景色？为什么又想“低吟”？如果你自己处在这样的情境中，会有什么样的感受？像这样帮助学生与作者心连心、心比心，学生终于获得了比较深刻的体会。那就是，作者刚刚踏入草原的那一刻，看到蔚蓝的天空，一望无垠的绿草，吸一口“清鲜”、充满草香的空气，心情一下子豁然开朗，有无限豪情要迸发出来。他的感情基调是激昂而豪放的，所以一曲“高歌”激荡在胸怀，而绝不会是低吟一首柔情的“小诗”。而当他细览了脚下伸延千里的茸茸碧草，看到那游动在“绿毯”上的“白色的大花”般的羊群，欣赏了小丘“柔美”的线条，草原的美景在他心中已变成了一幅浓墨渲染的图画。这充满诗情的图画仿佛在他眼前轻轻流动，把他带入了真正的诗的境界。此刻，他心中充满了轻柔的、仙境般的遐想，他的感情基调是细腻和深沉的。因此，他想坐下“低吟”一首“小诗”，而绝不会纵情地“高歌一曲”。

这样的课堂讨论，既是知识信息的传递和作品艺术的切磋，又是作者、教师、学生思想感情的交流，对提高教学效果具有突出的作用。在讨论中，教师以自己对作品的领悟，启发、引导学生，激起学生智慧的火花和感情的波澜，使他们具有与教师一样的心境，透过作品的语言文字，对作品所描写的事物和作者流露出的情感进行体验，并尽力使这种体验接近于作者当时的心境。作者、教师、学生三者的思想感情，就是这样在阅读教学中得到了交流。这种交流的汇集点就是师生与作者对事物的美的欣赏和赞叹，是对客观世界及其在艺术中的反映的一种富有情感的评价。我们的阅读教学若能做到这样的程度，学生能不对作品的语言文字、表现手法心领神会吗？他们在学习语言文字的过程中，不就同时进行了情感的体验，接受了道德的熏陶吗？

情感是人们对客观现实的一种特殊的反映形式。经历不同的人对同样的事物往往会产生不同的心理反应。我们在教学中之所以要引导学生体会作者的思想感情，就是因为要教育学生学习作者的世界观，在体会作者喜怒哀乐的过程中潜移默化地接受作者情感与道德的影响，使他们能够同作者一起去爱、去恨，像作者那样去讴歌生活中美好的事物，鞭挞丑恶的现象。

综上所述，我们可以认为，要实现作者、教师、学生三者思想感情的交流，应该从以下四点来考虑：

第一，实现情感交流的目的，是学习作者认识世界的思想、立场、观点和方法，更好地领会教材。

第二，实现情感交流的前提，是教师深入细致地领悟教材，并以自己的感受引发和带动学生对作品的理解和体会。

第三，实现情感交流的入手点，是师生通过对作品语言文字的理解，结合个人的生活经验去认知和想象作者所描述的客观世界。

第四，实现情感交流的关键，是教师引导学生设身处地地体会作者的心情和产生这种心情的思想基础。

我的12条教学主张

关于语文教学，我有12条教学主张。

1. 教学就是在教师的引导下，学生身心素质（包括思想、品质、智力、能力、学识、胆识、自信、创造力、艺术修养和体质等）获得提升的过程。

2. 各学科总的教学目标，是培养学生认识和改造客观世界的能力。

3. 教学要充分激发学生的生命活力，让他们在学习知识、技能的过程中，发挥最大的主观能动性，依靠自己的努力完成学习任务。

4. 语文学科是人生各项学习中最具基础性和工具性的学科。它的最基本、最直接的教学目标，是让学生学会母语，掌握并运用祖国语言文字。语文工具性和人文性的统一，就是要统一在语言文字的教学上。把握了语言文字，其内在的人文因素就自然而然地凸现出来了。

5. 语文教学中的情感、态度和价值观教育，是靠语言文字的感染力量完成的，所以学好语言是语文教学的关键。

6. 读是语文教学中最重要的语言实践。它既是语文学习的一项重要内容，又是学生学习语言、积累语言最重要的手段。

7. 要上好语文课，体现语文教学的本色，就应该用语文的手段解决语文的问题。最基本的语文的手段就是听、说、读、写。因此，上语文课，可以说就是要用听、说、读、写的手段，解决字、词、句、篇的问题。字、词、句、篇的问题解决了，情感、态度和价值观的熏陶也就自在其中了。

8. 语文教学要十分重视语文学科的整体性，大到学科的性质和结构，小到一篇文章，都要使学生有一个通观全局的把握。

9. 写作难，难在学生没有内容可写。作文教学首先要解决内容问题。内容决定形式，有了内容，写作方法就有了对象，有了依托。写作内容来源于学生对生活的认识。学生有了对生活的观察和体验，再加上思考和提炼，脑海中就有了文章的雏形，写作就不难了。

10. 读、写、说，是语文教师最主要的教学基本功。教师有浓厚的阅读兴趣，能通顺流畅地、有感情地朗读文章，能写一手好字，有好的文笔和好的口头表达能力，就为自己的教学增添了双翼。

11. 教学语言是教师最常用的教学手段。教师清晰、简洁、流畅、易懂、幽默、有感情、有启发性、有说服力和感染力的教学语言，是教好课的首要条件。

12. 语文教学要上升到艺术的高度，教师就必须有效地激发学生的学习兴趣；必须追求“教是为了达到不需要教”的境界；必须将教学植根于对学生深厚的爱，与学生的情感产生交流与共鸣；必须具有高明的教学机智和随机调控的能力；必须逐步确立自己的教学个性，形成自己的教学风格。

第二辑

课堂教学讲求真

课堂教学语言应该是什么样的

大家都知道，教师的教学语言应该清晰、准确，通俗易懂，亲切生动，有情有趣，富有启发性、教育性和感染力。从我们的教学实践经验来看，最好的教学语言是口语化的语言。口语生动自如、亲切，能让学生产生亲近感，教师也便于操作，对此我深有感悟。

但是，有的老师（特别是年轻老师）认为口语太平常、太俗、不精彩，于是，他们在备课时把课堂上要说的话（尤其是一些开场语、提问语、过渡语和总结语等）全部预先设计好，在课堂上再一句句背给学生听。有的老师为了达到精彩生动的效果，还特意选用了一些不寻常的词语。如有位老师在开始讲某课时胸戴白花，哽咽背诵："1976 年 1 月 8 日，在世界的东方，在祖国的上空，一颗巨星陨落了……"学生不知道发生了什么事，目瞪口呆。这些字词也许很精彩，但学生只能产生一种疏离感。

也有的老师确实有深厚的语文素养，有丰富的语言积累，他们嫌口语"缺少诗意，有失文雅"，于是在课堂上说书面语。请听："白鹭有大美，但它不言。它不言，我们言。我们在十一二岁时读《白鹭》，犹如在缝隙中观月；我们读了高中、上了大学时再读《白鹭》，就可以让《白鹭》来疗养我们的心。"学生能理解其中的意思吗？老师为此背了半天，诵了半天，这不是白费工夫和力气吗？

还有的老师缺乏语言艺术，又不愿显出"平庸"，就不惜生造词语，说话半文半白。学生只能听得瞠目结舌。

这些做法，从动机上就错了。因为课堂上的精彩，应该主要来自学生的表现。学生的精彩才是真正的精彩！课堂不是教师显示自己"才华"的地方。所以，教师真正感人的、有效的教学语言，应该是规矩、亲切、自然的口语，如果能够再幽默一点儿，那当然是再好不过了。

学生需要什么样的课堂教学活动

我向来认为，语文的问题应该用语文的手段来解决；中国的语文就应该用中国的办法来解决。这一是强调本色，二是强调传统的继承。总的来说，都是强调母语本体的回归。中国语言是随着中国人的生命发展而发展起来的，是中国传统文化的滋养使它在世界上独占一席。

讲授母语，应该讲究诵读、感悟、涵泳、体味、积累等体现中国人以感性思维为主的教学理念和方法。因此，我们的课堂，不仅需要生动活泼的读、写、说，更需要文文静静地思考、揣摩和潜移默化地熏染。但在有些课堂上，为了活跃气氛，师生动辄做游戏、画画、表演、歌舞，欢声雷动。我们不反对在语文课堂上采用适当的肢体活动，但任何活动都应该为学习语言文字服务，要克服过多的“非语文”现象。有的老师教《黄山奇石》时，学生多半节课都在用肢体“塑造”黄山奇石的模样；教《鸟的天堂》时，半节课都在欣赏、制作精美的鸟声和鸟影；教《晏子使楚》，表演三个故事就用了35分钟；教《地震中的父与子》，正文草草带过，却“拓展”到古诗《游子吟》和朱自清的《背影》，还嫌不够，又“拓展”了一篇网上描写父爱的文章。追求课堂气氛的活跃，这并没有什么不好，关键要看追求的是什么样的活跃和用什么手段去追求活跃。

我在绍兴讲朱自清的《歌声》时，孩子们读不好第一自然段中“真令我神迷心醉了”这句话，读不出那种陶醉的情态。有一个学生说他能读“醉”，结果他把“神迷心醉”四个字像醉酒一般唱了出来。学生们都兴奋地鼓起掌来，台下的老师也笑着鼓掌，气氛不能说不活跃、不热烈，从掌声来看，也似乎是一次“成功”。但这种“活跃”，不是真正的语文的活跃。后来读到最后一个自然段与第一自然段意趣、情感相近的句子。这位同学举手要读，我问他：“你还要唱吗？”他说：“是的。”我说：“咱们不唱了，咱们要诵读。”

就这样，我舍弃了一次肯定“活跃”“热烈”甚至是“成功”的课堂气氛，但维护了语文的本色。

有一句老话说，听、说、读、写、字、词、句、篇，是语文教学的“八字宪法”。语文课就是教师用那些语文的手段 —— 听、说、读、写，解决语文的问题 —— 字、词、句、篇的课。

如何把握朗读的语调、语速和节奏

朗读对人们深入理解文章内容和体会文章的思想感情，具有举足轻重的作用。好的朗读方法与技巧会促进人们对读物的领会。有的老师反对在朗读中进行技巧训练，但朗读是一项技能，自然有技巧在内，这是不能回避的。正是因为有了朗读技巧，不同的人读同一篇文章，表达效果肯定不一样。

下面要谈到的轻、重、缓、疾、虚、实、浓、淡、刚、柔、隐、现、顿、拖、断、连等朗读方法，是我在教学实践中的一些体会，因此，仅供参考。

关于读音的轻重问题，专家谈得不少。光重读这一点，就有“意群重音”“逻辑重音”“感情重音”等多种说法。朗读词、词组、句子、句群时都应该有相应的轻重变化。专家们在语调、节奏、停顿等方面也有许多说法，谈起来很复杂。我在这里只想结合教学实践，简单地谈一下在朗读中，如何把握语调、语气、速度、节奏等变化，这对学生理解、领悟文章内容和思想情感很有帮助，目的是强调朗读在教学中的运用。

先谈一下几种读法的一般适用范围。

轻：大致适合表现小心谨慎、渴望希冀、安慰劝阻、提醒暗示、孤独无助、虚弱衰微等心理状态和轻微静谧、零星细碎、稚嫩小巧等事物情状。比如：

> 一天早晨，我蹑手蹑脚地走出家门，心里充满了神圣感，仿佛要去干一件非常伟大的事情。林子里静极了。沙沙的足音，听起来像一曲悠悠的小令。(《唯一的听众》)
>
> 屋子里没有生炉子，又潮湿又阴冷。桑娜举起马灯，想看看病人在什么地方。首先投入眼帘的是对着门的一张床，床上仰面躺着她的女邻居。她一动不动。桑娜把马灯举得更近一些，不错，是西

蒙。她头往后仰着，冰冷发青的脸上显出死的宁静，一只苍白僵硬的手像要抓住什么似的，从稻草铺上垂下来。就在这死去的母亲旁边，睡着两个很小的孩子，都是卷头发，圆脸蛋，身上盖着旧衣服，蜷缩着身子，两个浅黄头发的小脑袋紧紧地靠在一起。(《穷人》)

重：大致适合表现肯定无疑、庄重沉着、强调坚持、鼓动激励、命令禁止、凛然难犯、英勇顽强、批评责备、冷酷凶恶等心态和宏大辽阔、雄伟壮丽、强盛发展、汹涌澎湃、磅礴震撼等情状。重读能强调突出的作用，在朗读中运用极多。比如：

地球所拥有的自然资源也是有限的。拿矿物资源来说，它不是上帝的恩赐，而是经过几百万年，甚至几亿年的地质变化才形成的。地球是无私的，它向人类慷慨地提供矿产资源。但是，如果不加节制地开采，必将加速地球上矿产资源的枯竭。(《只有一个地球》)

大雪整整下了一夜。早晨，天放晴了，太阳出来了……山川、树木、房屋，全部罩上了一层厚厚的雪，万里江山变成了粉妆玉砌的世界。(《第一场雪》)

缓：大致适合表现惆怅犹豫、悲伤惭愧、平静凄凉、沉静慈祥、回忆追思、欣慰向往、疲惫懒惰、愚昧保守、迟钝木讷等心态和悠远绵长、历久深邃、延续伸展等情状。比如：

每一处沙滩，每一片耕地，每一座山脉，每一条河流，每一根闪闪发光的松针，每一只嗡嗡鸣叫的昆虫，还有那浓密丛林中的薄雾，蓝天上的白云，在我们这个民族的记忆和体验中，都是圣洁的。(《这片土地是神圣的》)

我呆呆地望着来来往往吊唁的人，想到我永远见不到伯父的面了，听不到他的声音了，也得不到他的爱抚了，泪珠就一滴一滴地掉下来。(《我的伯父鲁迅先生》)

疾：大致适合表现焦急迫切、兴奋喜悦、紧张热切、豪爽奔放、开朗快乐、活泼激动、喜爱欣赏、意外惊诧、连贯急促等心态和奔腾流淌、翻滚驱驰、飞翔跳跃等情状。比如：

当比赛进行到63分钟时，利物浦队前锋、22岁的世界级球星福勒带球突破，行云流水般晃过几名后卫，直插对方禁区……说时迟，那时快，守门员西曼简直疯了一般，在福勒出脚的瞬间，不顾一切扑出球门，他要用身体堵住势在必进的足球。(《放弃射门》)

虚：大致适合表现害怕胆怯、怀疑迷惑、猜测试探、躲避闪烁、虚伪矫饰、投机欺瞒、狡猾奸诈等心态和安宁寂静、梦幻离奇、玄虚奥妙、神秘怪诞等情状。读时声调发虚，有如气声。比如：

冬天的山村到了夜里格外寂静，只听见雪花簌簌地不断下落。偶尔咯吱一声响。树木的枯枝被积雪压断了。(《第一场雪》)

我不知道他们给了我多少日子；但我的手确乎是渐渐空虚了。在默默里算着，八千多日子已经从我手中溜去；像针尖上一滴水滴在大海里，我的日子滴在时间的流里，没有声音，也没有影子。我不禁头涔涔而泪潸潸了。(《匆匆》)

实：大致适合表现忠厚老实、夸赞表扬、感动敬佩、真挚诚恳等心态和清晰切近、固定实在等情状。比如：

在逃去如飞的日子里，在千门万户的世界里的我能做些什么呢？只有徘徊罢了，只有匆匆罢了；在八千多日的匆匆里，除徘徊外，又剩些什么呢……我赤裸裸来到这世界，转眼间也将赤裸裸地回去罢？但不能平的，为什么偏要白白走这一遭啊？ (《匆匆》)

在天底下，一碧千里，而并不茫茫。四面都有小丘，平地是绿的，小丘也是绿的。羊群一会儿上了小丘，一会儿又下来，走在哪里都像给无边的绿毯绣上了白色的大花。(《草原》)

浓：大致适合表现深沉多虑、周到细密、感慨叹服、关心注重、老气横秋等心态和密集浓烈、朦胧厚重等情状。读时往往配合鼻腔共鸣。比如：

开始下雪时还伴着小雨，不久就只见鹅毛般的雪花，从彤云密布的天空中飘落下来，地上一会儿就白了。(《第一场雪》)

桂林的山真奇啊，一座座拔地而起，各不相连，像老人，像巨象，像骆驼，奇峰罗列，形态万千；桂林的山真秀啊，像翠绿的屏障，像新生的竹笋，色彩明丽，倒映水中；桂林的山真险啊，危峰兀立，怪石嶙峋，好像一不小心就会栽倒下来。(《桂林山水》)

淡：大致适合表现轻蔑忽视、冷淡恬然、排斥厌倦、寂寞无聊、失望灰心等心态和模糊虚无、微薄浅淡等情状。比如：

过去的日子如轻烟，被微风吹散了，如薄雾，被初阳蒸融了；我留着些什么痕迹呢？我何曾留着像游丝样的痕迹呢？ (《匆匆》)

河面很宽，白茫茫的水上没有一点波浪。船平静地在水面移动。三支桨有规律地在水里划，那声音就像一支乐曲。(《鸟的天堂》)

一时恍恍惚惚的，天空里又像这个又像那个，其实什么也不像，什么也看不清了。(《火烧云》)

刚：大致适合表现坚定不移、果断自信、直接干脆、愤怒谴责、斩钉截铁、骄傲自恃等心态和棱角分明、坚固粗硬等情状。比如：

（柔中有刚）老班长看到这情况，收敛了笑容，眉头拧成疙瘩。他说："怎么了，吃不下？要是不吃，咱们就走不出这草地。同志们，为了革命，你们必须吃下去。小梁，你不要太脆弱！"最后这句话是严厉的，意思只有我知道。(《金色的鱼钩》)

（刚中有柔）父亲划着了一根火柴，看了看手表，这时是晚上十点，距离开放捕捞鲈鱼的时间还有两个小时。父亲盯着鲈鱼看了好一会儿，然后把目光转向了我："孩子，你得把它放回湖里去。"(《钓鱼的启示》)

柔：大致适合表现温柔委婉、谦虚恭敬、平和顺从、和蔼善良、小心服帖等心态和轻柔细腻、绵软纤巧等情状。比如：

秋天的夜晚，月亮升起来了，从洱海那边升起来了。

月盘是那样明亮，月光是那样柔和，是在洱海里淘洗过吗？月亮照亮了高高的点苍山，照亮了村头的大青树，也照亮了，照亮了村间的大道和小路……秋虫唱着，夜鸟拍打着翅膀……从果园那边，飘来果子的甜香……阿妈温暖的手拉着我，我嗅得见阿妈身上的气息。(《走月亮》)

母亲扑哧一声笑了，筋脉突兀的手不停地抚摸着荔枝，然后用小拇指甲盖划破荔枝皮，小心翼翼地剥开皮又不让皮掉下，手心托着荔枝，像是托着一只刚刚啄破蛋壳的小鸡，那样爱怜地望着舍不得吞下。(《荔枝》)

隐：大致适合表现内向深沉、秘而不宣等心态和深藏不露、隐秘不见等情状。

现：大致适合表现炫耀张扬、夸张放大等心态和显而易见、暴露无遗等情状。比如：

大雪整整下了一夜。早晨，天放晴了，太阳出来了。推开门一看，嗬！好大的雪啊！（先现后隐。“嗬！好大的雪啊！”一句并不是对众宣告，而是内心的惊叹，因而要读得低沉、内抑。)(《第一场雪》)

第二天传来噩耗，你妈妈拉响手榴弹跟敌人同归于尽了。同志们伤心地痛哭起来，你却把脚一跺，嘴角抽动着，狠狠地说：“妈妈，这个仇我一定要报！”(“妈妈，这个仇我一定要报！”这句类似于内心独白，并不是向别人宣誓，因而也要读得低沉、内抑。)(《再见了，亲人》)

顿：大致适合表现迟疑不决、情绪抑郁、思绪不畅等心态和停顿滞留、行动受挫等情状。比如：

罗丹自己端详一阵，却皱着眉头，说："啊，不！还有毛病……左肩偏了点儿，脸上……对不起，请等一等。"（《全神贯注》）

随着山势，溪流时而宽，时而窄，时而缓，时而急，溪声也时时变换调子。（《记金华的双龙洞》）

拖：大致适合表现拖拉延迟、犹豫不定、思绪万千的心态和声音拖长、缠绵不断的情状。比如：

大家就随着女老师的手指，齐声轻轻地念起来：

"我们——是——中国人，

我们——爱——自己的——祖国。"（《小英雄雨来》）

"爸爸！为什么？"我急切地问道。

"你还会钓到别的鱼的。"父亲平静地说。

"可是不会钓到这么大的鱼了。"我大声争辩着，哭出了声。（《钓鱼的启示》）

断：大致适合表现思路中断、心事繁杂的心态和头绪繁多、断断续续等情状。比如：

桑娜脸色苍白，神情激动。她忐忑不安地想："他会说什么呢？这是闹着玩的吗？自己的五个孩子已经够他受的了……是他来啦？……不，还没来！……为什么把他们抱过来啊？……他会揍我的！那也活该，我自作自受……嗯，揍我一顿也好！"（《穷人》）

连：大致适合表现思路通达、热情奔放、激情快速等心态和行云流水、连绵不断等情状。比如：

它挣扎着，极力鼓动双翅，我感到一股生命的力量在我手中跃动，那样强烈！那样鲜明！（《生命　生命》）

每当上工、下工，一行人走搭石的时候，动作是那么协调有

序！前面的抬起脚来，后面的紧跟上去，踏踏的声音，像轻快的音乐；清波漾漾，人影绰绰，给人画一般的美感。(《搭石》)

需要说明的是：

第一，这里讲的只是朗读的一些方法、技巧。运用这些技巧的目的是为了表达文章的思想、情感、环境、气氛，等等，都是为内容服务的。我们绝不能单纯地追求技巧，而要根据内容的需要，情感的发展，事态、环境的变化，自然而然地变换和调整语音、语调、语速和节奏，和谐地表情达意。

第二，上述各种方法和适用范围不是绝对固定不变的。在不同的语言环境中，朗读的方法会有很大差别。如“下雨了吗”这么简单的四个字，如果是担心下雨、唯恐下雨会耽误行程的人说，应该以轻、疾为主；如果是久旱盼甘霖的农民，则会说得重而疾。

第三，单纯运用某种读法的情况很少，一般是两种或两种以上读法综合兼用。如“下雨了吗”的例子，两种情况都是兼用。

第四，有些方法性质相近，往往很难区别。如“重”和“实”，都属于高音调，需要结合读物的内容、情感、景况来仔细体会。

我的一堂挑战性语文课

2008 年，我在浙江绍兴上了一节带有挑战性的语文课。

我们的小学生究竟有多强的学习能力？他们满足于日常所学的课程吗？我们能不能适当地提高一点儿教学的难度，来衡量一下我们平常所教的功课是不是低估了学生的学习认知能力？我经常思考这些问题，而答案似乎是肯定的。

有了想法，就应该有行动。

我讲的是朱自清的《歌声》。文章描写的印象和风光是作者想象的情景。他从听觉写起，陆续描写了视觉、嗅觉和味觉，最后又回到听觉。他利用隐喻、拟人等手法，使用大量叠词，并运用通感的手法，把音乐统一于一个完整的意境 —— 淡彩水墨画般暮春柔雨润花园的境界。他不注重描写乐声，而是着力渲染音乐的象征。全文语言秀丽、雅致，富有诗意，引人入胜，以至让读者“神迷心醉”。

学习本篇文章，依然要像学习其他课文一样，需紧紧抓住文本所提供的语文信息。为此我们要特别留意以下几点。

第一，语言特色，特别是文章的表现手法，这是本篇文章提供的最重要的教学资源。在教学中教师要通过诵读，引导学生体会作者不疾不缓、娓娓道来的叙述方式，欣赏文本清新雅致、富有诗意的语言风格；要着力创设多种方式，带领学生潜心阅读，体会、感悟作者运用多种感官感受事物并诉诸笔端的表现手法。

第二，在文本中，朱自清先生未曾着一笔一墨去描述声音。他没有像白居易那样运用“私语”“急雨”“大珠小珠落玉盘”“铁骑突出刀枪鸣”等博喻手法来表现弹奏琵琶时的声音状态。他只着墨于自身的内心感受。他把探讨音乐旋律的事情，完全交给读者去做。这就产生了言已尽、意无穷的效果，给读者留下了巨大的期待空间。这一点，可通过引导学生反复诵读去体会、想象。

第三，文本的人文含义深藏在全篇的字里行间中，若不熟读、精思，不易体会、感悟。情感是散文的灵魂，阅读散文，一定要深刻体会文章的情感。教学本文时，教师要引导学生在诵读中体会作者对美好事物那份真挚的爱。朱先生主张散文创作的美学原则是“意在表现自己”。他的散文生动地抒写了他的禀性、气质、灵感、情思和修养，表现了他的审美情趣，体现了他的人格。小学生理解这些内容有些难度，教师不必牵涉过多，但应该引导他们感悟渗透在字里行间的真与美。

第四，本课适合给六年级学生讲述，用两课时讲完。

请看该课的教学实录和钱正权老师的点评。

《歌声》课堂教学实录和点评

一、初读寻疑

师：今天我们学习的课题是什么？（生：歌声。）谁来把课题写在黑板上？（生板书）

师：大家先一边默读课文一边思考，认真地、静静地思考，想思考什么就思考什么。（生默读）

师：会阅读的同学读完一篇文章以后，准有话想说。比如，读了这篇文章后的感觉、想法，或者还有什么问题……

生：第二自然段中有一句话：“我立的一条白矾石的甬道上，经了那细雨，正如涂了一层薄薄的乳油；踏着只觉越发滑腻可爱了。”这句话说明什么？

师：你的问题很好，请把它写到黑板上去。

生：课题是“歌声”，整篇课文写的却是景色，为什么？

师：是啊，这是怎么回事？请把这个问题也写到黑板上去。

生：最后一个自然段中有句话，说“我终于被一种健康的麻痹袭取了”，这“健康的麻痹”是指什么？

师：很好，请把它写到黑板上。还有吗？

生：最后一句“此后只由歌独自唱着，听着；世界上便只有歌声了”，是什么意思？

生：第三自然段最后两句话“是愁着芳春的销歇么？是感着芳春的困倦么？”是什么意思？

生：他说用耳、眼、鼻、舌、身听歌，这些器官怎么听？

师：很有意思！写上去。

生：“我能看到她们在有日光时所深藏着的恬静的红，冷落的紫，和苦笑的白与绿”，这句话说明了什么？

生：第四自然段中说“这些虽非甜美，却能强烈地刺激我的鼻观，使我有愉快的倦怠之感”，明明是眼睛看到的，为什么说“刺激我的鼻观”？

师：这个问题可以合并到前面那个问题里：为什么说耳、鼻、舌、身都去听？

生：“东风只吹来一缕缕饿了似的花香”，为什么是“饿了似的花香”？

师：对啊！它又不用吃饭。花香怎么“饿了似的”？老师要提个问题：读了文章以后，你们有什么感受、心得啊？

生：这篇文章写得很美，用了很多比喻、拟人的手法。

生：听了“中西丝竹和唱”的三曲清歌，能联想到很多很美的画面，写得好。

师：你是由衷地赞叹！

生：读后有一种朴素、淡雅的感觉，很轻松。

生：我觉得朱自清很有想象力。我们听歌就听歌，他却能联想到暮春的早晨以及花园、田园里的景色。

【点评】

这篇课文是初中二年级教材中的课文，现在让小学生来读，对学生和老师而言，无疑都是一次挑战。“初读寻疑”是教师投石问路，摸清学生的认知和情感基点，以便开始教学的一个环节。教师这样做看似普通，却一石三鸟：一是用疑点引发认知冲突，引起学生的阅读期待和探究欲望。歌声是用耳朵听的，为什么整篇课文写的却是景色呢？二是用疑点导向后续的学习，生疑是个开端，由此展开一个解疑释疑的学习过程。三是用疑点使师生紧紧走在一起，建立一种为共同目标而努力的、平等而默契的学习伙伴关系。

二、理清文脉

师：刚才许多同学提出了不少问题，现在咱们一起来学一学课文。谁来读一读第一自然段？（生读）

师：能不能简单说说这段写了什么？

生：写了作者听完三曲清歌后的一个总体感受。

师：他用了哪四个字概括？

生：神迷心醉。

师：对，“神迷心醉”是他听完音乐会后的一个总体感受。课文上说是听了三首歌，实际上那不是歌，而是乐器合奏。他说是“中西丝竹和唱”。“中西”知道吗？“丝竹”呢？

生：中西是指中国和西方。丝竹应是一种乐器。

师：不是一种乐器，而是两类乐器。

生：是琴、瑟、箫、竹等乐器的总称。丝就是弦乐器，竹就是管乐器。

师：在第一自然段中作者写的总体感受大家一眼就看出来了。什么是“神迷心醉”？

生：就是听音乐时如身临其境，然后就像喝醉了酒一样。

师：你读一读，看看能不能用读来解释这四个字。（生读）

师：醉了还这么清醒？（范读）这才是陶醉的样子。你再来读读。（生拖腔读）

师：这又喝得太多了，“醉”得唱起来了。谁再来读？（一生读）

师：他读得有点儿意思，虽然快，但真是令我“神迷心醉”。再读一次。（生再读）

师：大家一起读，我们来个全体酩酊。（生齐读）谁读读最后一个自然

段？（生读）

师：你能不能概括一下这一段写了什么？

生：写了朱自清听完三曲清歌后的一个总结。

师：你心里明白了，但是没有说准确。作者一开始是“神迷心醉”，当他听完歌以后又说了一段话，说的是什么？

生：应该是被歌的意境感染了。

师：谁再来读读这一段？就像真的完全陶醉了那样地读。（生读）

师：（读）“看啊，那都是歌中所有的”——

生：（接读）“我用耳，也用眼，鼻，舌，身，听着；也用心唱着。”

师：（读）“我终于被一种健康的麻痹袭取了”，再读——

生：（接读）“于是为歌所有。此后只由歌独自唱着，听着；世界上便只有歌声了。”

师：谁再来好好读这一句。“此后”——（生读）

师：我也来读一读可以吗？看看我陶醉了没有？（范读，生鼓掌）

师：不要鼓掌，鼓掌会破坏这种气氛。（再次范读）陶醉了吗？一起来读。（生齐读）谁再来读？（生读得很轻柔）

师：你看，朗读不一定是声音越高越好。该高时高，该低时低。有时声音低点儿反而更吸引人的注意。这两句话能背了吧？看我的手势。（生试背）世界上只有歌声了，那作者跑哪儿去了？满会场听歌的人跑哪儿去了？演奏歌曲的人跑哪儿去了？

生：因为作者已完全沉浸在歌声中了。

生：就像我们认真做作业的时候，别人来了也看不见、听不见。朱自清听歌时也是这样。

师：有个成语形容这个境界，你们知道吗？

生：物我两忘。

师：他到了物我两忘的境界，周围只剩下歌声了。这歌声一直把他俘虏，他已经钻到歌声里了。现在，他陶醉的程度比第一段的“神迷心醉”还要怎样？（生：深。）

师：第一段是总的感受，最后一段是感受的升华，那么中间三段可能是什么？或者说应该写什么呢？

生：可能是听歌后联想的画面。

生：第二段是对第一曲清歌的描写，第三段是对第二曲清歌的描写，第四段是对第三曲清歌的描写。

师：你怎么知道三段分别对应三曲啊？那人家要是演奏了四曲，你是不是能肯定每段正好对应一曲啊？（生摇头）

师：第二、三、四这三个自然段是写他感受歌声的过程。作者的思路弄清楚没有？第一段写总体感受，中间写感受的过程，最后一段加深这种感受。我们现在跟着作者一起来感受。

【点评】

疑点找出来了，是就疑释疑吗？不，释疑不能支离破碎，不能为释疑而释疑，不能站在文章外面断章取义，而是要进入文章内部，把释疑放在文章整体的把握和领悟之中——这就是理清文脉。这样做是极为重要的，在释疑中学生既能汲取精神营养，又能提高阅读能力。支老师的教学不着痕迹，巧妙地将理清文脉蕴含在内容的理解之中，教学处理得细腻而绵密。学生在教师的引导下从理解“丝竹”等词语开始，然后用“神迷心醉”“物我两忘”等词语概括第一段与最后一段的主要内容，接着体会到首尾两段是相互照应的，文章最后是写作者听歌后情感的升华。学生明白了中间的第二、三、四段是写作者感受歌声的过程。学生一旦对作者的写作思路了然于胸，就可以“遵路识斯真了”。

三、细读解疑

1. 学习第二自然段。

师：谁来读第二自然段？谁没读过？

生：（读）“仿佛……”

师：（打断）干吗那么着急啊？他一边听歌一边联想，要慢慢地把人带入想象中。

生：（继续读，语调缓慢）“仿佛一个暮春的早晨……踏着只觉越发滑腻可爱了。”

师：作者是不是逛公园去了？

生：他身子没去，心去了。

师：谁敢举手说我是班里读书最好的？（一生举手）请你来读，把大家带入想象中。（师打节奏，生读得声情并茂）

师：我问你，这是什么样的风？

生：微风。

师：什么样的雨？

生：细雨。

师：微风细雨，她读得像不像微风细雨中的暮春？（生点头）谁能读得更好？（一生读）

师：最后这句话是什么意思？

生：他感觉很轻松，像下雨后，会感觉白矾石很干净。

师：我估计既然是建造公园，白矾石可能就是白色的大理石。白矾石上的“乳油”是从哪儿来的？

生：是细雨。

师：把洒在白矾石上的细雨比作乳油。乳油“滑腻”还可以，怎么还“可爱”？

生：因为它亮晶晶、滑溜溜的。

师：挺有意思，作者那种感觉好像是喝醉了一样。只要是暮春的景物，他都非常喜欢。刚才提这个问题的同学，明白了没有？（生：明白了。）谁再来读？

生：（读）“仿佛一个暮春的早晨……”

师：你的声音多好听啊！不要着急，（范读）“仿佛一个暮春的早晨……”

生：（读）“仿佛一个暮春的早晨。霏霏的毛雨默然洒在我脸上……”

师：雨下得有点儿大 —— 再来，雨点再小一点儿，仿佛 ——

生：（读）“仿佛一个暮春的早晨……新鲜的微风吹动我的衣袂，像爱人的鼻息吹着我的手一样。”

师：哦，这风太大了。（范读）“像爱人的鼻息吹着我的手一样 —— ”

（生跟读）

师：每个人都读得这么好了，大家一起读一定更好，可以瞄着我的手势读。（生齐读）

师：听歌不是用耳朵听吗？听觉的东西怎么跑到视觉和触觉上来了？

生：因为他在用心听歌，然后用眼、鼻、舌、身去感受这首歌，所以就身临其境，好像沉醉在歌里了。

师：记住了，这种感觉在文学上叫——（板书：移觉）移觉，也叫通感。各种感官都是相通的，所以不仅耳朵听到了，眼睛也仿佛看到了。耳朵听到人们用乐器在演奏什么，他就想什么，于是，眼睛也仿佛看见了。这就叫移觉。你们学过《月光曲》吗？贝多芬弹钢琴的时候，盲姑娘和她哥哥眼前就似乎出现了大海和月光。一开始月亮升起来了，大海上微波粼粼。后来贝多芬的钢琴声渐渐有力了，大海上就刮起了狂风，卷起了巨浪。后来琴声更有力了，大海上波涛汹涌。这就是通感。明白了这个道理，我们就知道，这里的一切都是朱自清听了音乐后内心的感受，浮现在内心的画面。

2. 学习第三自然段。

师：谁来读第三自然段？

生：（读）“这是在花园里。群花都还做她们的清梦……”

师：花有味道没有？（生：有。）仿佛他用舌头尝了一下，甜的，软的。继续读。

生：（读）“在那被洗去的浮艳下……是愁着芳春的销歇么？是感着芳春的困倦么？”

师：读得不错。刚才有位同学提到，红色给人的感觉一般是奔放、欢腾的，为什么这里是恬静的？

生：因为他现在的心境就是恬静的，就连奔放的红色在他的眼中也变得那么恬静了。

师：这是一个重要理由，还有什么理由？

生：因为前面讲了“浮艳”已经被洗去了，所以那种奔放的红色便变得十分恬静。

师：这虽然已是第三个自然段，但作者想象他还在那微风细雨的花园里。雨洒在花上，洗去了它的“浮艳”。什么是“浮艳”？

生：浮艳就是那种浮华的、不稳定的颜色。

师：浮在表面上的颜色。被雨洗去了，露出了另外的一种光泽。紫色给人的感觉一般是庄严的，在这儿也变得——

生：冷落了。

师：道理一样。还有白与绿。看你们的校服，这两种颜色搭配得很雅致。这两种雅致、漂亮的颜色为什么“苦笑”起来呢？雨水洗去了它的浮艳，作者的感觉是，“恬静的红，冷落的紫，和苦笑的白与绿”。你们要解答这个问题，应该往哪儿想？

生：“以前锦绣般在我眼前的，现在都带了黯淡的颜色。”

师：作者听到什么样的旋律，就会产生什么样的感觉。现在他感觉红是恬静的、紫是冷落的，优雅的白与绿也变得在苦笑，那么他听到的音乐可能是什么旋律的？（生：安静、低沉、平静的。）

师：平静比安静合适。

生：柔和、优雅。

师：可能还有点儿什么？

生：忧伤。

师：他被这样的歌声打动，所以产生了共鸣，看眼前的事物就显得低沉，有点儿哀伤，所以才出现了最后两句——

生：（读）“是愁着芳春的销歇么？是感着芳春的困倦么？”

师：是为了芳春的逝去而发愁，是为了芳春的逝去而打不起精神来。刚才提这个问题的同学，现在明白了没有？再读。（生又读）

师：谁能读出这种感受并让全班同学都感受到？（生读）

师：要把全体同学都带进你的想象中。这是在花园里——（一生接读）

师：不知道你们感受到了没有？谁愿意再读一次？（生读）

3. 学习第四自然段。

师：第四自然段开始把人带入了想象中。谁来读？

生：（读）“大约也因那蒙蒙的雨，园里没了浓郁的香气……”

师：刚才谁提问说：明明是眼睛看到的，为什么说“刺激我的鼻观”？

生：是通感。

师：也就是说，作者全身心地感受音乐，所以他闻到了淡淡的似有若无的香味。想象歌声是怎样的？

生：悠悠的、柔柔的、淡淡的、朦胧的。

师：你们真棒！关于饿了的问题是谁提的？（一生站起）现在你自己提的问题自己来解决。为什么花香会饿了？

生：应该是到了暮春的早晨。

师：到了暮春，花香就饿了？

生：应该是花香非常淡。

师：非常淡，似有若无，好像人饿了没精神，这是一种解释。还有吗？

生：前面说“园里没了浓郁的香气”，花的香气没散发出来，也可以说是饿了似的花香。

师：对了。就是因为花香很淡，似有若无，所以说它是“饿了似的花香”，这是一种比较直接的理解。学了这课以后，你们写作文时是不是也可以用一下通感的手法啊？现在看黑板上你们提出的问题（逐一读）：“健康的麻痹”是什么？

生：我想应该是一种歌声吧。

师：麻痹是什么？为什么会麻痹？

生：因为他沉醉到这歌声里去了。

师：是的，沉醉得太厉害了，简直不能动了，麻痹了。但这种麻痹是好麻痹还是坏麻痹？

生：好麻痹。

师：最后，“是愁着芳春的销歇么？是感着芳春的困倦么？”这句话代表了什么，知道了吗？

生：知道了。

师：咱们下课。

【点评】

六年级学生学习《歌声》颇有难度，他们与这样的文本对话需要教师的引领。

引领是指导朗读。指导朗读，包括范读，是教学的基本手段。教师指导学生在朗读中唤醒文字，浸淫于文字所描写的情景中（如暮春的早晨、蒙蒙的细雨、浓郁的花香）。于是，学生能对许多疑难句子做到心领神会。

引领是必要的讲解。“白矾石的甬道上……涂了一层薄薄的乳油”，什么是“白矾石”呢？歌是用耳朵听的，怎么跑到视觉、触觉上来了？这些小学生不知道，需要教师讲解通感的知识。

引领是让学生多角度地思考。“饿了似的花香”，既可以理解为花香饿了，像人饿了一样没有精神，香气淡淡的似有若无；也可以理解为花饿了，香气袭人。

引领是引发联想和想象。教师说到通感时，让学生联想《月光曲》中的情景。

就这样，在师生与文本的对话中，教师一路引领，学生心智被启迪了，潜能被激发了，视野敞亮了、拓展了，初始时的困惑、疑问一个个被消解了，以至视域渐渐地与作者拉近，认知和情感渐渐地与作者融合。

直面这样的语文课，我情不自禁地呼喊：“久违了！”我们早已见惯了浸染着眼花缭乱流行色的语文课。而支玉恒老师的课，不事粉饰，质朴而本真，因为坚守语文本色而显出亮丽！在教学过程中，师生都很轻松，但时时刻刻都在学习语文，语文能力又时时刻刻在提升着。这里没有主体性与主导性的纷争，也没有工具性与人文性的辩论，一切都那么自然、妥帖。我想，语文是简单的，又是丰富的，我们大可不必舍近就远、弃简求繁。

什么是好课

所谓的好课，用感性的、直观的方法大致可以从以下几个方面观察。

第一，从学科性质上看。“语文姓语”是大家常说的一句俗话，它简单、明确地表达了语文教学的基本特征。语文是工具，需要学习训练，需要运用积累；语文又是人文生活，需要有情感、有审美、有文化积淀。我们要在语言实践过程中，提高语言实践的能力。这就是说，要用语文这一工具作为手段，探索语文的无穷内涵。学生多读、多写、多思、多问，这是最重要的语文实践，是实现语文积累、提高语文学习的文化品位的基本途径。我们要克服目前课堂上大量存在的非语文现象，还语文教学本来的面目。

第二，从课堂形态上看。《义务教育语文课程标准（2011 年版）》指出，要建设开放而有活力的语文课程。这就要求我们的语文课堂应该是学生的课堂，是学生充分施展和表现才能、取得学习成果的课堂。在课堂上，不管教师展现了多么过人的语文才华，如果学生没有充分活跃起来，没有思维、想象、情感的迸发，就不能算一节好课。因此，学生在课堂上能自主地、生动活泼地、具有生命活力地学习，这应该是一节好课的主要标志。

第三，从学生发展上看。教育是为了学生的发展，这种发展应该体现在每一节具体的课上。好的课堂应能反映学生由不懂到懂、由不熟练到熟练、由不喜欢到喜欢的变化过程。另外，学生的发展应该是语文素养的全面提高。因此，教师通过科学而艺术化的方法，实现学生知识与能力，情感、态度和价值观全面发展的课，才是好课。

第四，从学习氛围上看。教师是学生的朋友，在好的课堂上，教师与学生应该是平等的，师生应该实现心与心的交流（而不仅仅是过去所说的“教态”如何）。有了好的学习氛围，课堂才会是民主的、和谐的，学生的学习心情才会是愉悦的。

第五，从教学个性上看。语文教学不但应该使学生得到充分的、自主的、个性化的发展，而且应该特别注重教师教学的个性化。语文教材由一篇篇不同的课文组成。对不同的课文，教师就应该采用不同的教学方法；对每篇课文都应该采用最合适的个性化方法——因为内容决定形式。当然，不同的教师针对不同的学生，也应该有不同的教学设计。有些老师拿着别人的教案去上课，偶尔为之可以，一以贯之，肯定不会有好的结果。

我用过的诗化板书

我于 1989 年在全国首先使用诗化板书。

第一场雪

天气骤冷隔日间，山村静夜雪弥天。
晶莹世界人欢笑，更喜丰收在来年。

骤然寒风冽，雪静山村夜。
江山粉玉积，丰年及时雪。

荔枝

孝母不怕家境穷，慈母欣喜又从容。
长辈更爱儿孙辈，荔枝依旧年年红。

枫桥夜泊

谈笑风生吟诗文，轻松愉快议古今。
少年不知愁滋味，读懂张继夜泊心。

暮江吟

口诵眼前多彩句，神思千古暮江滨。
未觉学诗何吃力，早随司马月下吟。

夜莺的歌声

斥敌为兽应对奇，夜莺唱罢杜鹃啼。
情报送达人不见，莺声又起待顽敌。

斥敌为兽巧周旋，夜莺唱罢鸣杜鹃。
情报送达歼敌寇，莺声又起待敌顽。

柯里亚的木匣

十步挖坑埋地下，十步再取不见匣。
人长步大五步取，周围一切在变化。

黄鹤楼送孟浩然之广陵

深情诵读加表演，活脱李白与浩然。
临别学生巧借句，故人西辞电教馆。

鼎湖山听泉

小雨薄雾鼎湖山，一路浓荫一路泉。
夜听清流奏妙曲，孕育生机润心田。

（以下句子是讲课时随口吟出的）

小雨润青山，薄雾似轻烟。
一片朦胧美，满眼翠无边。

登上鼎湖山，侧耳细听泉。
夜宿山寺里，陶醉乐无边。

桂林山水

慕名观赏荡轻舟，静水清流碧悠悠。
奇峰竞秀拔地险，山水相依画中游。

慕名观赏荡舟行，水静山奇绿意凝。
山水相依成一体，人入画中更添情。

我的伯父鲁迅先生

语轻意重育后人，借题笑骂世道昏。
多少爱心多少恨，关心他人忘自身。

乡下人家

长藤绿叶鲜瓜，繁花茂竹笋芽。
鸡走鸭游自在，晚饭宿鸟红霞。
静听秋虫唱晚，美哉乡下人家。

课堂上的“无招”和“有招”

金庸先生在他的《倚天屠龙记》中曾写到张三丰如何教张无忌练习太极剑。大意是说，习武练剑最初是“无法”的，一招一式也不会，后来逐渐进入“有法”阶段，但在这个阶段还不能用剑自如，只能是“见招拆招”、左支右绌。如果停留在这一状态，那最多是玩起来好看的“花拳绣腿”。只有把剑术的精髓融入心中，不拘泥于具体的招法，人才能对剑的运用游刃有余，从而进入更高的“无法”境界。看到这里，我就开始想象了。

一招“剑术”——“大漠孤烟直”（模仿一下金庸先生爱用诗句来命名剑招的方法）。假设这是破解被多人围困的一招，那么“大漠”是剑扫四方，用于驱离包围之敌；“孤烟直”是竖剑高举，用于突袭最薄弱之敌（因为剑招无对象，所以直举为法），但到战时则用于刺选中之敌。若是战时仍拘泥于竖剑高举之法，那简直就是大敞“空门”，等着敌人来刺了。

我很自然地把这些“理论”融入教学之中。一个刚入职的教师是“无法”的，不知道怎样上课、怎样引导学生。在教学实践中，他慢慢学会了一些方法，掌握了一定的教学规律，这时他的教学“有法”了，但这种“法”如果只能机械运用，停滞于此，那他到头来也就是个“教书匠”。

教师只有对教学规律了然于胸，把它们变成自己内在智力结构的组成部分，融会贯通，灵活运用各种教学方法，才能进入不受自己具体意识支配、自然天成的“无法”境界。

这里讲的“有法”与“无法”，就是人们常说的“有招”与“无招”。教师上课也应该像武术大师一样，“心中有招而手中无招”。也就是说，教师的教学思想、教学方法应该永远符合教学规律，这是根本的“心中之招”；而具体采用什么样的应对措施，则完全按照课堂实际情况，按照学生的思维、情绪状态来灵活应对，不应该也不可能有一种“以不变应万变”

的“手中之招”。

当然，这种“心中有招而手中无招”的境界是很难达到的，我穷毕生精力，也不过刚刚举步欲进。但老师们不必自馁，要知道我是近 40 岁才开始教语文的，年轻的老师完全有时间、有机会达到这一教学境界！

公开课和家常课

公开课能不能上成家常课？家常课能不能上成公开课？

的确，与家常课相比，公开课具有其特殊性，如环境不同、学生生疏、时间有限、要求严格、有人参观、执教者心情紧张、压力大，等等。所以，有人认为公开课不能上成家常课。但是，不管公开课和家常课有多少不同，有个根本点是永远相同的——都是给学生上课（的确有老师在上公开课时，心里完全装的是听课的领导、评委和听课老师）。既然都是给学生上课，就理应遵循课堂教学规律，就应该致力于学生语文素养的形成与发展，就应该让学生更多地直接接触语文材料，在大量的语文实践中掌握运用语文的规律，就应该坚持学生是学习和发展的主体。但是，我们有的公开课太注重形式了，太注重课堂表面效果（精彩程度）了。执教者因太顾忌自己的形象，故而"精心"设计教案，丝丝入扣，上课亦步亦趋"按图索骥"，把"驾驭课堂"变成了"驾驭教案"；故而打造精彩，偏离语文本体；故而只让优秀学生展示，放弃全员参与；故而极力展现教师的个人"魅力"，取悦观众，邀功买好；故而大量扩张拓展，放弃文本研读；故而满堂采用多媒体课件，不问实际效果……

这样的课，外行人也许会叫好，但学生收获甚微，甚至只能作壁上观；听课教师可看不可学，失去了公开课的示范性和研究性价值。因此有人质疑，这位老师回自己班里不知是不是这样上课的？不是日常的教学课堂，怎能拿来示范、研究？

其实，有不少教师的公开课完全可以搬到日常课堂上去讲。这说明公开课还是可以上成家常课的，至少可以尽量接近家常课。这就需要教师心中想的是学生，把课堂真正作为学生学习成长的地方，而不是展示教师个人才华的舞台。如能这样，我们的公开课就能真正起到引领、启发的作用。

同时，我们上家常课时如果能够像上公开课那样钻研教材、细读文本，细致地设计流程，既有合理的步骤设计，又有特殊情况的设想和应对预案，并且，每一节家常课都请老师们来切磋研究，使家常课变成公开课，那么，这样做既锻炼了自己，也锻炼了学生，何乐而不为呢？

老实讲，我就是这样锻炼出来的。

对作文教学的一点儿思考

我们如果向学生了解他们写作文时感到为难的地方是什么，十个孩子有八个会说没什么内容可写。我们在批改学生的作文时，多数情况下也发现学生习作内容贫乏。作文课，我确实上得不多，但我的感觉是，习作课首先要解决学生没内容可写的问题。不管是几年级的学生，我们都要想办法使他们有内容可写。这是要务。有了内容，学生写作文就思如泉涌，剩下的结构问题、布局谋篇问题和语句问题，都是比较好解决的。

怎么让学生有内容可写呢？这里面有很多学问，首先一点就是要提高学生的认识能力。学生只有认识能力提高了，能认识生活，才能在生活中撷取可以作为作文素材的内容。

人的头脑聪明不聪明，我觉得主要从这几方面来看：第一，是否有很强的记忆力；第二，是否有丰富的想象和联想；第三，是否有深刻而准确的判断能力和推理能力，能否逻辑思辨。这些东西是从哪儿来的呢？都源自认识。那么认识能力又是从哪儿来的呢？人的认识来源于实践，这是千真万确的。但是，如今社会已进入了信息时代，而人们的生活实践范围却是有限的，只依靠个人的亲身实践、亲眼所见去认识复杂而庞大的世界，显然已经不够了。那么还要依靠什么呢？要依靠语言文字传达到人们脑子里面的信息。我敢保证，我们现在没有一个人见过诸葛亮，但是一说起诸葛亮，大家都知道他是谁。为什么呢？因为有《三国演义》，还有《三国志》。通过《三国演义》和《三国志》，大家认识了诸葛亮这个人。小学生通过阅读，同样能大大扩展他们的认识领域，提高他们的认识能力。比如，小学生都没当过红军，但是他们都知道红军两万五千里长征的艰苦卓绝，都似乎听到过飞夺泸定桥隆隆的枪炮声。这就是因为语言文字在传递信息，语言文字扩展了他们的认识。话又说回来，学生的认识能力除去他们的亲自实践以外，更多的是来自语文课上的学习。所以，教师不仅仅要教学生学会拼音，学会识字，学会阅读，学会他们在语文课上所能学到的语文知识，还应该提高他们的认识能力。

学生学习认识具体的事物，这只是一个方面，另一方面，他们还要学习认识事物的方法。教材中有一篇课文是《可爱的草塘》，学了这篇课文的人，即使没去过黑龙江，也会知道北大荒有美丽的沼泽地，会知道那里草的颜色，会知道风吹草浪是什么样的，还会知道那里物产丰富，从而认识这片土地。教师每讲解一篇课文，都能让学生认识一些具体事物，认识一些历史人物，认识国家的地理风貌。教师要通过课文蕴含的一些辩证思想，引导学生掌握一点儿认识论和方法论的基本原理。还以《可爱的草塘》为例，作者一开始并不爱草塘，因为他不知道草塘是什么样子的，没有亲眼见过。后来小丽带他去草塘走了走，看了看，又给他介绍了草塘的情况。有了目睹，有了耳闻，有了初步的实践，他对草塘就形成了初步的认识，并开始赞美草塘。再后来他挽起裤腿，脱了鞋袜，亲自到水里抓鱼，亲身感受到了草塘的美丽富饶。到了这一步，他已经对草塘有了深刻的认识，所以就开始珍爱草塘了。统观全文想一想：作者为什么会由“不爱”发展到“珍爱”呢？他的情感为什么会发展呢？就因为他的认识发展了。他不知就不爱，初知了就赞美，深知了才会珍爱。这也符合心理学的观点：人的情感发展依赖于认识发展，对美好的事物认识越深，爱得就越深；对丑恶的东西认识得越深，恨得就越深。如果再深入思考就会发现，你要想深刻地认识事物，就得亲身去体验它，光靠耳闻目睹是不够的，远离实际是根本不行的，这不就是马克思主义的认识论、方法论吗？

我们的语文教材里面包含了认识论的许多基本原理。我们在教学中自然地、感性地当然也是顺便地给学生渗透一点儿，为他们掌握正确的认识方法进行一些指导，这完全是可能的，也是必要的，对学生也是有好处的。因此可以说，提高学生认识的一条重要渠道，就是让学生在语文课上结合平常的生活去实践。现在我们提倡“大语文”，要求课内课外结合，校内校外结合，这就需要在更广泛的领域提高学生的认识能力。学生有了认识能力，作文选材就非常容易了，写起来就不费事了。所以，拓展学生写作文的内容，第一重要的就是提高学生的认识能力。

我认为，学生在写作时感觉没内容可写还有一个原因，那就是我们过去的命题作文对学生束缚太多、太大。多年来，我们教导学生要写“有意义”的、印象“深刻”的、“深受感动”的……文章。这样一些大题目，把学生“吓蒙”了，他们心里的“意义”“影响”“风貌”，与成年人心里想的是一回事吗？所以，我们应适应学生心理，让他们写自己童年的趣事，只要稍加引导，学生就能纷纷说出自己记忆中那些“犯傻”的事、“笨拙”的事、“荒唐”的事、“可笑”的事、“捣蛋”的事、“尴尬”的事……因为是自己极感兴趣的内容，所以他们写起来会特别顺畅，效果也非常好。在阅读、批改这些学生习作时，我往往不由自主地同作文中的主人公一起，一次又一次地笑得合不拢嘴。这样的作文，才让学生和我实实在在地感受到了学习和教书的真正乐趣。

我写过一篇文章，谈到作文形成大致有三个过程：一是对生活的观察和体验，二是对生活的思考和提炼，三是对生活的反映和表现。学生对生活的体验、提炼和反映，形成了作文能力的整体结构。若没有对生活的体验（包括直接的和间接的），就无从提炼和反映；没有对生活的思考和提炼，所反映的生活就缺乏智慧的见解；有体验，能提炼，但不能反映，则无法用书面语表达出来。所以，这三者缺一不可。小学生对生活的体验、提炼和表现都是粗浅的。过去，我们的作文教学偏重于对写作方法的指导，对怎样开头、怎样结尾、怎样过渡、怎样呼应、怎样组段、怎样成篇，都要仔细推敲。一句话，只重视语言形式的训练，忽视了用学生的生活体验去充实他们的写作内容，从而造成了内容与形式的割裂。这些方法性的训练虽在一定程度上也教给了学生一些写作的“招式”，但终究只是零敲碎打的、治标不治本的写作“外功”，难免会把学生引入“文章作法的窠臼”。

当然，我们也要训练学生的文字表达能力，训练主要包括遣词造句和布局谋篇两个方面。要提高遣词造句和布局谋篇的能力，需要学生以坚实的阅读训练为基础，也需要有较强的形象思维和逻辑思维能力。遣词造句的功夫主要在于语言的运用，布局谋篇的主要任务则在于对材料的组织安排。有条理地认识事物，本身就有助于使文章形成有条理的结构。怎样开头，怎样结尾，段与段、段与篇构成什么关系，完全是由文章所反映的事物本身的逻辑关系来决定的，也就是由内容来决定的。为什么《再见了，亲人》采用横向并列的结构，而《飞夺泸定桥》采用的是纵向承接发展的结构？这难道不是由文章内容以及内容所反映的事物本身所决定的吗？因此我们可以说，学生有了可写的内容，作文的结构问题自然就会得到解决，即使是遣词造句的能力，也不是单靠作文指导课就能提高的，它更需要大量的阅读积累。

就“作文要真实”答记者问

《新作文》杂志记者王江碧（以下简称“记”）：支老师，关于学生写作文要真实的问题，小学语文界已讨论多年，但一直存在意见分歧。今天想请您就这一问题，谈一下您的看法。首先，作文到底应不应该写真实？

支老师（以下简称“支”）：答案是肯定的。学生写作文是一种学习和运用语言文字表达思想的练习。教育部门对小学生的习作要求是：内容具体、感情真实。这样就需要我们努力提倡和鼓励学生写自己身边的事、身边的人、身边的景，写自己的见闻，写自己的感受。先请看我一个学生的习作。

童年趣事

我上三年级的时候，有一天，跟妈妈到市场买菜，还买了不少螃蟹。

我从小就喜欢小动物。这些螃蟹一个个“七手八脚”的，一对大钳子举得高高的，真是张牙舞爪。妈妈去洗菜，我就偷偷地把几只螃蟹带到屋后的一块小草地上玩。

这些小家伙一被放到草地上就乱爬起来，东一个，西一个，一点儿规矩也没有。而且，它们都是横着走的，谁也不让谁。有时撞到一起，力气大的就从力气小的身上爬过去。说它们“横行霸道”可一点儿也不假。

我有点儿生气了，看不惯它们这种不守纪律的行为，就把它们一个个抓起来，让它们排好队。可是，它们根本不听我指挥。我刚放好一只，再去抓第二只时，第一只又跑了，弄得我手忙脚乱，还是整理不好它们的队形。得想一个办法。我找来一些小石块，抓一只放好，用石块把它压住。但是，个子小的被压住了，个子大的用它的壳一顶，石块就被掀翻了。我气极了："这么不听话，你以为我拿你没办法吗？"于是，我把那只最大的用左手按在地上，用右手去抓另一只比较调皮的。我想，只要把这两只带头捣蛋的制服，其他的就不敢乱跑了。可是不好，我左手的中指被那只大螃蟹用钳子夹住了，血渗了出来，好疼啊，我大叫着。

妈妈听见我的叫声，从屋子里跑出来，帮助我把螃蟹从手指上取下来。那只大螃蟹像得胜的将军，扬了扬钳子，大摇大摆地走了。妈妈忍不住大笑起来，我也含着泪笑了。

这篇文章以童心、童情写童趣。小作者面对螃蟹这种动物，用小孩子的眼去观察，用小孩子的心去思考，用小孩子的方式采取行动，得出小孩子的结论。这是这篇文章成功的关键。小孩子很难对事物形成合乎逻辑的判断，因此他认为螃蟹是"不守纪律"的，故而试图"指挥""治服"这些"调皮""捣蛋"的家伙。小作者的这种心理和行为，用成年人的眼光看，完全是违背客观事物规律的，是幼稚的。但正是这种"违背"和"幼稚"才构成了具有真情实感的、真实的作文。

但我们在实际教学活动和学生的习作中，对这个"真实"，有时是很难界定的。我们所说的"真实"，是不是非得是学生亲身经历不可？这就需要斟酌。我再举一个例子。有一次，我在杭州讲了一堂作文指导课，文题是"创意校服"，要求学生发挥想象，写出他们理想中的新型的多功能校服。学生在自己设计的校服上，配备了"夜间闪光带"，以避免交通事故；安装了全球定位仪，以避免迷路；装备了微型空调，以实现冬暖夏凉；还应用了纳米材料；等等。作文写得非常生动有趣，富有创意。我们要问：这样的作文算不算好作文，算不算真实？

记：如此富有想象力的作文，当然不能否定。

支：所以说，我们要仔细甄别这个真实的含义。从原则上讲，我们要提倡写真实，要学生表达真情实感，这是完全正确的。但是，真情实感绝不是拘泥于真实的经历。我认为，我们强调真实，应该强调所写的事物、人物、情景要符合事物的基本规律，说得通俗一点儿，就是要合情合理。我不反对作文中的虚构，但这个虚构一定要符合生活的真实，要令人信服。《水浒传》写武松打虎，施耐庵真的打过虎吗？但他写得入情入理，合乎事物发展变化的规律，所以我们说它写得很真实，其实还是虚构。当然，小学生作文和文学作品还不一样。我有一个学生写他妈妈爱唠叨，不仅嘴上唠叨，手上也“唠叨”。

有一次放学回家，我走到家门口，只见门框上贴了一张小纸条，上面写着：“学习一天了，累了吧？好好休息。但是要记住开完门拔出门上的钥匙。”我漫不经心地拔出了钥匙，进屋走到洗手间，洗手间的门上也贴了一张纸条：“要养成好习惯，上完洗手间要记住冲水。”我把厕所冲干净了，想到书房玩一会儿电脑。刚到书房，门上又有一张纸条：“必须写完作业才能玩电脑。”我烦得把纸条撕了下来，抬头一看，还有许多纸条在随风飘动，我一口气把每个地方的纸条都撕了下来。有的贴在电冰箱上：“不要满头大汗就吃冰激凌。”有的贴在窗户上：“如果风太大，就把窗户关好，当心受了凉而感冒！”我一边念一边数，一共有 13 张。

后来我问这个学生：“你妈妈真的在家里贴了 13 张字条吗？”他笑着说：“没有，她只贴了冰箱上的一张。不过，她经常像这样给我留纸条。在作文中我是把她平常爱说的话，都写成纸条了。”显然，这是虚构的，但这样的虚构有真实的背景，又符合情理，所以我们依然认为这是真实的。

记：那么，什么样的虚构是不真实的呢？

支：真实与不真实的界限很微妙，有时可能只是一念之差。学生说校服装备夜间闪光带、全球定位仪、微型空调等，看起来很玄乎，其实人类是有能力做到的。但是要装上翅膀就能飞，装上机关枪就能去打仗，就变得不真实了。有时候，写的事本来是真实的，但因为做了不合理的描述，也就不真实了。有一个学生写他的母亲含辛茹苦地供养他上学，三九天的晚上还往楼上扛煤。他说：

妈妈一步一步地走下楼梯，走到楼下昏暗的杂物间，用簸箕往筐里撮煤。我趴在五楼的窗台上满含热泪望着妈妈。我看到她的双手已经冻得裂了一道道的口子，渗着鲜血。

看，很动情的一段描述写假了！在五楼怎么能看见昏暗的楼下妈妈手上冻裂的口子呢，还渗着鲜血？这就写得不合乎情理了。还说上一篇作文那个学生说他妈妈写了 13 张字条，可信，如果为了突出她的唠叨，说她写了 100 张纸条，就显得不合情理了，就假了。

记：对于“真实”，您有没有一个衡量标准？

支：一般来说，写事的文章，可以用有没有真情实感来衡量。写人的文章，不能无中生有，要写一个真实存在的人，不能为了表现他某个方面的特点或品质而写他没有做过的事。如果写自己做的事，虽然在情节上有些夸张，但表达的却是真情实感，我个人认为是可以理解的。请看下文。

自讨苦吃

上课铃响了，我还趴在课桌上打盹。“啊 —— 哈！好困呀……”我今天没睡午觉，现在“睡神”正在惩罚我。

老师已经开始津津有味地讲课了。可是我睡意正浓，上下眼皮好像两块磁铁，老往一块吸，一点儿精神也没有，连脚趾头都懒得动一下。可是今天讲的是新课，不听可不行。

过了大约 10 分钟，我再也坚持不了了，身子东倒西歪，眼前一片模糊，教室里的东西都在晃来晃去，同学和老师的身影好像笼罩在雾中。终于，我的眼睛再也睁不开了，身子瘫了下去……恍恍惚惚中，似乎有人在推我。是老师把我叫醒了，让我回答问题。天哪！我哪里知道是什么问题。同学们看我傻乎乎地茫然四望，有的笑出了声。不知是谁悄悄地问我：“做了一个什么好梦？”我心里说了一句“讨厌”！

该上第二节课了，正好碰上数学测验，我强打精神，展开卷子，一行行的字，像一群蚂蚁在我眼前爬来爬去，一个也逮不住。

这下我可完了。怎么办呢？尽力而为吧！我趴在桌子上，头枕着左臂，右手拿着笔，迷迷糊糊地答卷子。写的每一个字，在我的眼里都是双影……没过一会儿，我就什么也不知道了。

忽然教室里一阵喧哗，我被惊醒了。原来下课了，同学都去交卷了。可我，整张卷子仅有不多的几行蝌蚪文。老师走了过来，对我说："我早就发现你又睡着了。看样子是真的支持不住了，就算把你叫醒，你也答不好，干脆让你睡一会儿，明天再补考吧！"

听了老师的话，我羞得真想找个地缝钻进去。都怪我自己中午贪看《故事大王》，真是自作自受，自讨苦吃。

这确实是一件真事，是我亲眼看到的，但小作者并没有一连睡了两节课。小作者描写自己的睡态，不能说是原原本本、一丝不差，但他发挥了想象力，把自己和别人平时打瞌睡的姿态、神情、感觉都纳入一篇文章中。因为他有"事实的依据"，所以写得生动形象、合情合理，把一种不睡不行、欲睡不能的真情实感表现得很充分。我认为这是一篇好文章，但同时也意识到一个更重要的问题：如果我们一味地要求学生原原本本、一丝不差地写，那实在是对学生的思维能力，特别是想象力的严重扼杀。

记：这的确是一个值得我们深思的问题，但我又想，要求写真实其实是很难的，那我们又该怎样去培养学生写真实的意识和能力呢？

支：我想主要从三个方面考虑：第一，我们对小学生作文的要求，究竟应该怎么提？第二，对学生作文中出现的不真实现象，我们应该怎样对待？第三，作文指导课应该怎样上，讲什么？第一和第二个问题，我在前面已讲出了我的观点，现在重点来谈一下第三个问题。

写作文有两个问题需要解决，即写什么和怎样写。我们过去指导学生写作文，基本上把精力集中在写作方法上，认为学生学会了写作方法，就能下笔成文了。于是，从阅读课开始，教师就大讲怎样开头、怎样结尾、怎样呼应、怎样过渡、怎样安排写作顺序，等等。有的教师甚至还归纳出若干种开头法、若干种结尾法，再加上正叙法、倒叙法、插叙法……让学生逐一练习。结果呢？事倍功半。

作文不是加工一件现成的物品，而是要从内心“生发”出“产品”来。心中无物，任凭你掌握多少种方法，文章还是写不出来。如果硬要写，只好大家一同到大街上扶老太太、捡钱包。这样的作文，哪还有真实可言。

内容决定形式，形式为内容服务。写作方法这些“形式”，是由作文内容的需要来决定的。学生有了明确的写作内容，也就随之确定了写作方法。如写《夸夸义乌小商品》，要写义乌小商品经济的发展过程，必然要采用按事物发展顺序的方法来写；要写小商品的功劳，就很自然地会运用对比手法，描述义乌人生活的变化；要写商品城内货物齐全、精美，就必然会从整体写到部分，再写到具体的一件物品。这些与内容非常“合套”的方法，教师其实并不需要刻意地一个一个地教给学生，但学生却能用得恰如其分，就是因为他要写的内容决定了他非这样写不可。有的学生因为内容的需要，“不知不觉”地在文章开头安排了人物或场景的“特写”，这更不是谁特意教给他们的，全靠他们平时的积累。

记：那么，语文老师应该如何指导学生选择写作内容呢？

支：写作内容的选择，有时取决于老师。所以我们强调，让学生写熟悉的事物，让他们有话可写。尤其是命题作文，如果远离学生的生活实际，又要求写真实，那真是为难学生了。正因为如此，我们在指导学生写作文时，首先应该着力研究的，是如何丰富学生写作的内容。

我到义乌上课，本来准备讲一个熟悉的课题，但去小商品城走了一趟，立刻被商品城恢宏的气势、精致多样的商品、熙熙攘攘的人流和热火朝天的交易所吸引。于是，一个“灵感”迸发：义乌的小学生肯定对义乌的小商品非常熟悉，并为之骄傲，为什么不让他们写一写义乌的小商品呢？我就当机立断，临时改上写《夸夸义乌小商品》的作文课。

同样道理，有一次，我去宁波石浦上作文课，也是有备而去的。但汽车刚驶入石浦，我就看到，绵延十几公里的海面上，泊满了各式各样大大小小的渔船，桅杆上绳索如网，彩旗如林。海岸上店铺林立，全是出售水产品的。我又一次临时决定，作文内容就写石浦的船、石浦的鱼、石浦的艄公、石浦的渔妇。这样就有了另一个作文——《石浦之歌》。石浦的孩子们生活在这样一个渔港，每天看的是船舶，听的是渔歌，吃的是海鲜，玩的是贝壳。他们的父母或是漂洋出海的渔工，或是烹虾煮蟹的厨师……对这一切，孩子们的生活经验太丰富了，写这样的作文绝不会为内容发愁，也绝不会生编硬造了。

记：您讲得很有道理。叶圣陶先生也说过，生活犹如泉源，文章犹如溪流，泉源丰盈，溪流自然活泼泼地昼夜不息。但是，当今小学生的社会生活、家庭生活、学校生活都很丰富多样，可还是有许多孩子写不出作文来，这又是怎么回事？

支：这里面有许多学问。首先一点就是要提高学生的认识能力。他能认识生活，才能在生活中撷取可以作为习作素材的内容。我们打一个比方，有人走路不小心摔了一跤，在他站起来的那一刻他就意识到，可以拿这一跤写一篇文章，而且有叙有议，能讲出一定的道理来。但有的人即便摔得头破血流也悟不到什么，只顾埋怨路不平，原因就是他缺乏认识能力。那么人的认识能力是从哪儿来的呢？人的认识来源于实践。这是千真万确的。如今进入了信息时代，只依靠个人的亲身实践、亲眼所见去认识复杂而庞大的世界，显然已经不行了，还需要读书，书里面有好多我们未曾见到、未曾听到过的事情和现象。

记：您的意思是让学生多读书，通过读书拓展他们的认识领域，提高认识能力？

支：对。认识事物，除了观察生活，体验生活，还要多读书，也包括接受各种媒体的信息。小孩子通过阅读能扩展他的知识领域，提高他的认识能力。这就不得不提到一个重要的问题，那就是我们上阅读课的任务。

现在的学生没有一个见过詹天佑的，但学了《詹天佑》这篇文章，都知道他是一个伟大的、杰出的爱国工程师。为什么呢？就是因为语言文字在传递信息，语言文字扩展了人的见识。话又说回来，学生的认识能力是从哪来的呢？大多数情况下，除去他们的亲自实践以外，就是来自阅读学习。所以教师不仅仅要培养学生学会拼音，学会识字，学会读书，学会他们在语文课上所能学到的语文知识，还应该提高他们的认识能力。

记：您讲得很深刻。您能再详细地讲一下认识与写作能力的关系吗？

支：孩子们可以写社会，因为他们每天生活在社会中，也要和许多不同年龄、不同性别、不同身份、不同职业、不同地位、不同观点、不同态度、不同关系的人打交道。他们要用眼睛看，用耳朵听，还要用心去感受，去思考。但社会毕竟是复杂的，孩子们与社会的接触范围毕竟是有限的，他们的社会阅历、生活经验、认识能力还是单纯、幼稚的，因而孩子们写这类文章时，面对各种社会现象，只要表达出自己最直接的心理感受就足够了，就已经是一种理智的“社会观察”了。

学生有了一定的认识能力，就能到生活中去撷取作文素材。作文素材来源于生活而又不是生活的原型再现，因为经过了作者的认识加工。

记：再举个例子好吗？

支：我们看一篇学生的习作吧。这篇习作充分体现了阅读积累对作文的促进作用。

我家的“生物链”

老师讲过，地球上各种生物互相依赖，它们之间有一条生物链。他又举例说，比如，老鹰吃蛇，蛇吃小鸡，小鸡吃虫子，虫子又吃草，等等。我觉得挺有意思，可又一想，人也是一样啊！我家里就有这么一条“生物链”，既特别，又有趣。

在家里，我是“小皇帝”，奶奶对我千般宠爱、百依百顺。爸爸表情严肃，我有点儿怕他。他每天早出晚归，家里的事都由妈妈一人承担，妈妈说话的分量，自然就比爸爸重三分。妈妈特别孝敬老人，对于奶奶的意见，她一向是非常尊重的。这就是我家的“生物链”。

有一次，我病了，额头热乎乎的。我请爸爸带我去看病，爸爸却皱着眉头，不慌不忙地说：“只有一点儿低烧，不用大惊小怪的，吃点儿药，多喝点水就好了！”我十分伤心，觉得爸爸不关心我，但又不敢说出口。正好，这时妈妈回来了。她听说后十分生气，冲着爸爸质问：“低烧就不要紧吗？小病不治成大病，小孩子比不了大人。你不心疼我心疼！”爸爸一见妈妈眼睛圆了，声音高了，二话没说，赶紧带我去医院了。

吃药时，我摆出“小皇帝”的架势，趁机讲条件。我手里抓着药，就是不吃，大声嚷着：“妈——我口中没味，药片又苦，怎么吃啊！您给我买西瓜，买话梅！”谁知这次妈妈却板起了脸：“喂喂！你到底是吃药呢还是吃糖？”我一听，慌了，赶忙躲在奶奶背后。奶奶发话了：“哟——小孩子病了想吃点儿东西也不行，真怪！好，你不给买我给买。”说着，马上掏钱包。妈妈三步并做两步跑过来，按住奶奶掏钱的手，一迭连声地说：“别，别，我买，我去买！”爸爸坐在旁边好像找到了“报复”的机会，跷着二郎腿说：“永仔有奶奶坐镇，那才是战无不胜呢！”妈妈正要出门，听见了，一回头，扔下两个字：“讨厌！”

这样一来，全家人哈哈大笑，我的病似乎也好了。人们常说，有了孙子的家庭格外温馨、和谐。我想，我们家也不例外。虽然我这个孙子在“生物链”上占据着第一环——“小皇帝”！

小作者运用联想，把上课时了解到的生物链现象和自己家庭成员之间的关系联系起来。很明显，如果没有平日的认识积累，就不会写出这样的作文。

有一次，我讲三年级的看图作文，学生在述说画面内容的时候，必须要联系他在平常生活中的实践，联系他已有的生活经验。这就是把平常的认识拿到课堂上来运用、发展。平常学生打过电话，一看那幅画，哦，画里的人是在打电话呢！谁给谁打呢？爷爷、奶奶和孙女，或者是外公、外婆和外孙女在通电话。即使没有人告诉学生，学生也能看出来是给谁打，而且还能看出来人物在地球的不同区域，一边是东半球，一边是西半球。怎么看出来的？有爷爷奶奶的那半边画，窗户外面是夜景，漆黑的夜空中，高楼大厦闪烁着明亮的灯光；有孙女的那半边画，窗户外面是晴朗的天空，椰子树巨大的叶子在随风摇曳。看到图画上黑夜、白天同时出现，学生马上知道了这是东、西半球两个国度。这些不就是认识能力吗？哪儿来的？如果平常没有通过看书、看报、阅读、看电视得来这些认识，学生根本就判断不出来这些情况，当然也写不出什么来。学生仅有三年的学龄，但只要他们能把平常的认识拿到课堂上，就一幅图进行运用，对画面内容做判断、推理，作文就写出来了。

还有一次，我请四年级的学生写一篇表现天气炎热的片段作文。怎么样就有内容了？我请他们好好回忆，天气热的时候，天空、大地、空气是什么样子的？动物、植物是什么状态？人有什么感觉、什么行为？其他方面还有什么变化？我让他们一条条分门别类写到黑板上，黑板上所写的那一大片内容，全是学生对热这个现象的认识。有了这么多的认识，还愁作文没有内容可写吗？就看教师怎么组织课堂教学，怎样调动学生运用已有认识成果来认识新的事物了。

记：看来，提高认识能力的确是非常重要的，那么写想象作文，也是这样吗？

支：应该说是的。想象是人在已有知识、经验的基础上，在头脑中构成自己从未经历过的相应事物的形象，并在逻辑思维的基础上进行加工。没有一定的认识经历和经验，就无从想象。我前面说到的作文《创意校服》，学生之所以有那么多的想象，和他平时的阅读是分不开的。

记：说得真好。最后，您是否就读写结合这个问题再谈一谈？

支：好的。读写结合是我们普遍关注的一个问题。我对这个问题的认识，同我对习作指导的认识是一脉相承的。

过去我们所讲的读写结合，其结合点往往偏重于写作知识和方法。阅读课上讲了作者的某种表现手法，就让学生在习作中模仿练习。我曾经把一些典型课文的典型写作方法列成条目，与某种作文可以使用的写作方法相对应，让学生依样练习，但效果并不好。学生写的作文像是批量定做的产品，完全没有生命活力。由此我想到，读写结合的结合点，仍然应该是“认识”两个字。学生在阅读中提高认识能力，积累认知成果，而在作文中，则是运用和反映这种认识。

优秀教师个人教学修养刍议

教师的教学水平、教学效果，在很大程度上取决于教学的具体操作。教学操作，就一般情况而论，有其共性的东西，那就是普遍适用的教学基本规律。一个优秀的教师必须在遵循普遍规律的前提下，体现其教学个性。有时，我们听一位老师的课，其教学目的的确定和完成、教学方法的选择和运用等似乎都“无懈可击”，但要问这位老师的教学有什么独到之处，又似乎无话可说。这就是缺乏教学个性的表现。只有共性、没有个性的教学，很难形成鲜明的教学特色，很难使我们的课堂教学体现出创造的、艺术的、百花齐放的、更具审美价值的智力劳动的本质特征。

在教学实践中，教学规律是一种客观存在，它不以人的意志为转移。我们必须不断地发现规律，掌握规律，而且必须遵循教学规律展开教学实践活动。教学规律不仅包括教学内容的知识规律（这已被前人发现并体现在教材中），也包括学生的认知规律和教师如何“传授”（即教学操作）的规律。

一个刚刚走上工作岗位或教学经验尚浅的教师，首要的任务是熟悉和把握那些最基本的教学规律，并在实践中继续认识“新”的规律。这是教学实践过程的“求同”阶段。一个优秀的教师对继续认识新规律的努力，永远不应完结。但是，当你对教学规律已具备了相当程度的理性和感性的认识时，当你已经能够熟练地驾驭教学过程时，你若仍然停滞于“大家都这样做”的满足中，徘徊于“求同”的范围内，那么，你的教学才华有更大发展的可能性，也便被你自己扼杀了。久而久之，你只能成为一个教学的“熟练工”“教书匠”，很难成为教学的艺术家。

一般来说，优秀教师都具有较高的教学水平，已经掌握了教学的基本规律，并能在具体的教学情境中合理运用。因此，他们的个人教学修养，应该着眼于发掘、构建并逐步形成自己的教学个性。也就是说，优秀教师应该在遵循共同规律的同时，努力“求异”，追寻教学个性，焕发独特光彩，树立自己的教学风格，从而逼近教学艺术的殿堂。

当然，世界上没有两片完全相同的树叶，也没有两个完全相同的教师。每位教师的教学都与别人存在着这样那样的差异，表现出不同的个人特征。可以说，任何教师的教学都受他本人的思想素质、知识结构、能力状况、思维品质、生活经历、性格、气质以及各项教学基本功的影响和制约。温婉、端庄的老师上的课，绝不同于爽直、豪放的老师的课。但这种差异，是教师各种个人条件、状况在教学中的自然反映。教师的个人条件、状况对教学的影响和制约可能是积极的，也可能是消极的；可能会促使教师形成有价值的教学特色，也可能会变成教学的赘疣或缺陷。

因此，我认为这种在教学中自然表现出来的个人特征，并不能说就是教师的教学个性。从哲学的角度看，个性是指某一事物区别于其他事物的个别的、特殊的性质。就教学工作而言，教学个性是指教师在教学实践中区别于其他教师的独特性，“是教师创造性地处理教学内容与教学形式的关系，使之统一的过程中所表现出来的全部风貌特征”①。个性与共性是辩证的统一。共性存在于个性之中，个性表现共性并丰富了共性。因此，教学个性应该是符合教学规律，表现并丰富教学规律的，是“教师在长期的教学实践中，对教学规律的运用有了自己独特的感受，积累了丰富的、有自己特色的经验，他的教学就显示出与别人的教学不同的独特风采”②。

优秀教师大多具有优良的个人教学禀赋，但我们绝不能满足于这种个人禀赋对教学实践的“自然”作用，而应该在教学“同中求异”的过程中一展才华，在各自的教学实践中发现、稳定、不断张扬教学个性，进一步形成自己的教学风格。

教学个性是教学风格的基础，教学风格是教学个性的升华，“是教学规律和教学个性在教学实践中的高度统一”③。“最理想的风格”，是“具有最高

---

① 魏正书，教学艺术论 [M]. 沈阳：辽宁大学出版社，1991：239.

② 同上书，第 240 页。

③ 同上书，第 228 页。

度的独特性”[1]。由此可见，改造我们的教学，完善个人教学修养，使自己的教学形成一定的风格，首要的任务是教学个性的构建。

有鉴于此，我们可以为教师提高自我教学修养划定一个基本的进程。

第一，认识自我，寻找自我。

我们天天在教学的岗位上实践着，但并不一定对自己的教学状况和特点认识得很清楚，不一定能在教学这块阵地上找到并确定自己的位置。也就是说，我们在教学实践中，没有认真地把自己身上最独特而又最易于对教学施加积极影响的各种因素找出来，没有在教学规律与自我条件相结合的轨迹上，找到自己的最佳位置。因此，每一位优秀教师，都应从教学观念、教学方法、教学作风等方面对自己进行一个梳理总结，归纳出几个比较稳定的特点（此为教学行为倾向的因素）；再从自己的认知结构、思维特点、个性特征、审美情趣等方面审视、分析，同样归纳出几个比较稳定的特点（此为心理特征倾向的因素）；然后衡量哪些心理特点对发挥自己的教学特点具有有利影响。这样就对自己有了一个比较明确的认识，确立了构建自己教学个性的取向。其实，这也就是认识了教学实践与实践主体之间的矛盾运动的规律。剩下的就是不懈地努力和不断地充实了。

第二，立意求新，敢于创造。

教学个性，以至教学风格的基本特征是它的独创性。数学家华罗庚说：“‘人’之可贵在于能创造性地思维。”教学是一门充满了科学和创造的艺术，我们应该从每一篇教材、每一节课做起，要敢于在教材内容的处理、教学方法的设计、表达方式的运用等方面“另辟蹊径”“别出心裁”，不要怕被人说是“标新立异”——只要你的“新”和“异”表现并丰富了教学规律。

在具体的教学实践中，对同一个教材，可能许多教师会得到大致相同的认识结果，形成基本相似的教学思路，也可能连采用的教学方法都区别不大。这种现象只要留心一下某些传统篇目的语文阅读教学，就会经常见到。但是，我们能不能从另一个角度去思考，敢不敢走别人没有走过的路？这正是对教师有无创造性的一个检验。要创造性地解决问题，就必须打破原有的

① 杨再隋，雷实．当代中国小学作文教学风格 [M]．南宁：广西人民出版社，1988：2.

模式，开辟新的道路，寻找新的突破点，发现新的联系。因此，我们在每一次教学时，都要在深入领会和把握教材精神实质、知识结构、逻辑规律、内容情感等基础上，努力设计出“与众不同”的教学方案，绝不落入老套、俗套。要准备别人想不到的引入谈话，考虑别人不曾考虑到的突破点，选择别人未敢尝试的教学方法，采用迥异于他人的教学过程，组织打破常规的教学活动形式，运用别人尚未运用的评价激励手段，等等。要使你的每一节课都让人有一种“我怎么没想到这样教”的喟叹。总之，你的教学要处处焕发创造性的光彩。

当然，从某种意义上讲，老师们讲的每一堂课，都是对教材内容的一种再创造。如果你的教学类同于别人的教学，那么你和他的课都只是在“这一堂课之前”的某一位老师的创造，而不是你的创造。因此，我们提倡一种“我”的教学；提倡教师的教学个性在每一堂课、在整个教学过程中占据主要地位；提倡一种有意识的、自觉的创造性劳动。如果每次教学都“逼”着自己这样做，久而久之，创新能力就会加强，这种创新也就变成了胜任愉快的自觉的行为。这样，教师就从“必然王国”迈进了“自由王国”，也就逐渐地形成了自己独特的教学风格。

第三，博采众长，为我所用。

认识自我、寻找自我、建立自我，并不等于拒绝学习和借鉴。向别人学习，永远是必须的，关键是怎样学习。学习的目的当然是取人之长，为我所用，但决不能照搬。照搬是最没出息的一种模仿。我们应该把别人的东西加以内化，变为自己的东西，融入自己的教学风格。这就要学会分析，要对人家的教学指导思想进行研究，要把他的每一个精妙之处，与他的教学思想、教学目的和整体的教学构思联系起来，探求手段与目的、教师与教材、教师与学生等各方面的因果关系，进行理论的分析甚至实践的尝试，在个别和具体中寻求共性的、可复制的规律性的东西，再结合自己的教学特点思考吸纳的可能性和程度。把别人的东西（实质性的）融进了自己的教学，体现出来的，仍应是自己的特点、自己的风格。就像消化了食物，汲取了营养，长出来的仍然是自己的血肉。“继承而又脱离，学习而又创新，这是许多优秀教师形成教学风格的重要保证。”[1]总之，博采众长、为我所用的精髓，还是坚持和弘扬自己的教学个性，形成自己的教学风格。

第四，借助改革，百花齐放。

蓬勃发展的教育改革，给每一位教师提供了推陈出新、创造风格的最佳机遇。每一位优秀教师都要深刻地认识到弘扬教学个性、形成教学风格的重要意义，认识到“有风格的课堂教学才是美的。因为人们一般是把教学艺术风格，看作一个教师达到高度成功时才具备的重要标志”[2]。

每位教师的教学行为倾向和心理特征倾向是千差万别的，所以教学风格也具有多元性的特点。性格外向、富有激情的老师，他的教学风格一般是热情、活泼、富于情感、富于形象的；性格内向、要求严谨的老师，他的教学风格一般是冷静、周密、富于逻辑、富于推理的；温和、委婉的女老师，她的教学一般给人耐心细致、循循善诱的印象；睿智、洒脱的男老师，他的教学会让人有一种行云流水、举重若轻、挥洒自如的感受……试想，无数的优秀教师生长在长城内外，耕耘在边陲海滨，吸纳了高原山野的雄浑坦荡，熏染了水乡幽林的细腻温柔。他们在各自的岗位上，积累了丰富的经验，具备了向更高层次追求、向更高境界发展的条件。有一天，他们在各自的课堂上，展现出千姿百态、争芳斗艳的教学风格，那将是一种什么样的情景！届时，各种风格的教师，将展开新一轮的奋进，形成各具风采的不同流派，将在我们国家的教育阵地上，呈现出一个百花齐放、万紫千红的春天。

下面请看《飞夺泸定桥》教学实录（节选）。它展示了教师教学的一种个性，这种个性已经十分成熟，它是形成教学风格的基础。

《飞夺泸定桥》教学实录（节选）

师：今天，我们共同学习一篇课文，《飞夺泸定桥》（板书课题）。同学们已经预习了课文，也自学了生字词，在读课文的过程中有什么问题自己想不明白的，现在可以提出来，看谁提的问题质量高？但要注意，要着重考虑

---

① 杨再隋，雷实 . 当代中国小学作文教学风格 [M]. 南宁：广西人民出版社，1988：5.

② 李如密 . 关于教学风格的两点思考 [J]. 江苏教育研究，1991（1）.

文章的中心、写法、结构等，不要纠缠在个别情节上。

生 1：课文重点是写飞夺泸定桥的经过，那么第一节和最后一节在课文中起什么作用？

生 2：课题是“飞夺泸定桥”，课文就应该重点写夺桥，但作者为什么把桥的样子写得那么详细？

生 3：课文第五节中交代，敌人不能再走了，去宿营。为什么敌人不能走了而我军却能走？

师：这个问题你要注意听，一会儿讲完课文我还要问你这个问题，看你听懂没有。

生 4：课文第四节，红四团的战士分明是遇上了敌人，为什么还点起火把，这不是暴露目标了吗？

师：好，你在读课文时要特别注意下一个小节，第五小节，看能不能自己解决。

生 5：课文第八小节，最后“取得了长征中的又一次决定性的胜利”，这句话是讲什么？与前文有什么内在联系？

生 6：第七节说红军“攀着铁链”，说明非常难走，可是为什么又说向对岸“冲”去？

师：前面是“攀”，后面怎么说“冲”，对吗？（生 6：对。）

生 7：课文第六节，“他们凭着天险，疯狂地向红军喊叫：‘来吧，看你们飞过来吧！’”这表现了什么？暗示了什么？

师：听你的口气，你对这个问题是有所考虑的。注意听讲，看和你考虑的是不是一样。

生 8：课文的第四、五节写红军向泸定桥挺进，他们克服了种种困难，这是不是衬托出红军的英勇精神？

师：应该说“表现了”。

生 9：课文第六节，敌人凭着天险疯狂地喊叫：“来吧，看你们飞过来吧！”“飞”有什么含义？

生 10：课文第五节写红军把增援的两个旅的敌人抛到了后面。这里为什么用“抛”？

师：很好。你先试着考虑能换个什么词，一会儿我问你。

生 11：课文写了泸定桥天险，这说明红军夺桥是很困难的。我觉得应该在写了红军怎样克服这些困难后，再重点写上几个人物，写他们的神态、动作、表情，这样会更突出红军战士奋不顾身的精神。

师：你觉得课文没有把红军战士个人的突出形象写出来。这个问题一会儿要交给你们自己来完成。好，请坐。

生 12：本课重点写“飞夺”，那为什么还要写路上的事？而且写路上的文字多，写攻桥的反而少。

师：你说重点写“飞夺”，为什么把路上的事写得这么详细。你仔细琢磨一下这个“飞夺”和路上行军有什么关系？“飞”字包含了哪些意思？看看自己能不能想通。

生 13：我觉得课文应当详写我军是怎样冲过铁索桥的，也就是应当详写夺桥，课文为什么没有这样详写呢？

生 14：课文第五节，敌人问我军：“你们是哪个部分的？”我军战士高声回答“是碰上红军撤下来的”。敌人是很狡猾的，为什么对这种答案很轻信呢？

师：敌人在“狡猾”的背后还有两个字呢！你想想是什么？

生 15：课文第五小节，红军和敌人对话后，敌人并不起疑心，后面又写雨水把火把浇灭了，敌人宿了营，我军继续前进。继续前进就会出声音，敌人难道不会起疑心吗？

生 16：敌人凭着天险，占据着有利的地形，把桥上的木板都拆了，只剩下铁链，桥头又有暗堡。为什么敌人还是守不住，让红军给夺过来了呢？这说明了什么？

师：这个问题，我想你心里是很清楚答案的。刚才大家提了很多不错的问题，现在，我们边读课文边来剖析这些问题，看你能不能自己解决自己的问题。如果解决不了，你们最后再提出来，好不好？

（师引导生一步步阅读课文，并随机解决生提出的问题。由于篇幅所限，不能将全部过程一一照录，下面仅选择几个片段，以呈现师解决这些问题的方法）

师：刚才有同学问，这篇文章重点应写红军夺桥的过程，那么第一节和最后一节又是干什么的呢？咱们就从这个问题开始来学习课文，把首尾两个自然段读一读，看看明不明白。谁来发表自己的见解？

生：第一节写的是红军要夺取的目标，所以我觉得应该写。

生：我给她补充一点，这段写了红军为什么要夺取泸定桥。

师：好！这一节写了为什么要夺取泸定桥。按照记叙文的一般写法，这是在写事情的什么？大家一起说吧！

生：（齐）起因。

师：对。在讲事情的起因（板书：起因）。叙述一件事情，如果没有来由，行不行？不行。那么这一段必要不必要？必要。

师：（引导生认识这一节的具体内容以后）下面读最后一个小节，能不能回答红军飞夺泸定桥的结果是什么？

生：红军飞夺泸定桥的结果，是胜利地渡过了泸定桥，浩浩荡荡地奔赴抗日前线。

师：咱们回头看，红军为什么要夺取泸定桥呢？

生：因为红军要北上抗日，泸定桥是必经之地。

师：很好！因为红军要北上抗日，所以必须夺取泸定桥。（板书：北上抗日）把桥夺下来了，红军就能够——谁来帮我在这儿写几个字？（指板书）写哪几个字？

生：奔赴前线。

师：太好了！（板书：奔赴前线）起因是要“北上抗日”，结果是“奔赴前线”。这首尾两节是什么关系？

生：前呼后应。

师：可以。是前后照应。

师：（引导生学习课文第五节）红军和敌人行军赛跑的结果怎样？

生：（读）“终于在29日清晨赶到了泸定桥，把增援的两个旅的敌人抛在后面了。”

师：刚才有同学问，这里为什么用了个“抛”字？“抛”是什么意思？

生：“抛”当“落”（là）讲。

师：当“落”讲？把敌人落下了？没劲儿。想想“抛”的意思。比如，“把它抛了！”（做抛状）能说成“把它落了”？

生：“抛”当“落后”讲。

师：噢，把它“落后”了？

生：“抛”是“甩”的意思。

师：“甩”，有点儿意思，但还没多大劲儿。

生：“抛”就是“扔”。

师：对，“抛”就是“扔”。把敌人抛在了后面，就是把敌人扔在了后面，多有劲儿呀！（指生10）你弄懂了吗？

生10：懂了。

师：刚才有个同学还问，大雨浇灭了火把，敌人不能走了，为什么我们却能继续前进？（指生3）现在你明白了吗？

生3：明白了。因为敌人没有红军这种克服困难、勇往直前的精神，被大雨一浇，就没有力量再走了；而我军有战胜敌人、北上抗日的决心，有大目标，所以仍然冒雨前进。

师：很好。开始不明白，现在弄懂了。刚才还有一位同学问，敌人那样狡猾，怎么这边我们一说“是碰上红军撤下来的”，他们就信了呢？（指生14）我刚才告诉你“狡猾”后边还有一个词，你现在能不能回答，为什么敌人就信了？

生14：因为敌人很愚蠢。

师：（引导生学习课文第六节）这里又一次写天险。下面你自己读课文，读的时候注意：（1）能不能从这一小节中发现一点儿什么？（2）从这一小节中你能学到什么？或者你最感兴趣的是什么？（3）一边默读一边思考这两个问题。

（生默读后，有几个人发言）

生：我从这一节中发现敌人非常猖狂。从这句话中可以看出：“凭着天险，疯狂地向红军叫喊：‘来吧，看你们飞过来吧！’”敌人仗着天险吓唬红军，认为只有“飞”才能过桥。但红军真的“飞”过去了。这个“飞”字正好表现了红军的英勇。

师：（问生 9）“飞”字有什么含义，明白了吧？

生 9：明白了。

生：这一段写泸定桥天险，更突出了夺桥的困难。

师：刚才有位同学提问，应该细写夺桥的经过才对，为什么那么详细地写桥。现在这位同学的发言已经回答了这个问题。（对发言的学生）你再说一遍，让提问的同学听一听。

生：写泸定桥天险，更突出了红四团夺桥的困难。

师：对。这在写作上是一种什么方法？

生：衬托。

师：对，是衬托的方法。桥越险，红军过去了，越显得他们英勇无畏。刚才提问的同学懂了吗？

（师引导生学习课文第七节，咬文嚼字地研究“英雄拿着冲锋枪、短枪，背着马刀，带着手榴弹，冒着敌人密集的枪弹，攀着铁链向对岸冲去”这句话中一些动词的用法）

师：再看“攀着铁链”，说成“扶着铁链”行不行？

生：不行，“扶”着没劲儿。

师：“攀”字表现了艰难，很用力地抓着，也许有时脚底一蹬空，还要再拽上来，光“扶”着行吗？（生：不行。）“向对岸冲去”这个“冲”是什么意思？

生：快。

师：有快的意思，而且坚决不后退。刚才有同学说这儿不能用“冲”，认为攀着铁链，摇摇晃晃地，走都费劲儿，怎么能冲呢！（指生 6）你现在怎么看？

生 6：嗯，那个……他吧，虽然攀着铁链，可是他非常的……

师：你这样想：这个“冲”字在这里是重点表现速度快，还是表现决心大？

生 6：决心大。

师：对了。当然速度也不慢，在这种艰险困难的情况下，这个速度已经可以说怎样了？

生 6：可以说够快了。

师：所以，用“冲”字完全可以，主要表现了一种精神。

师：（引导生学习课文第八节）这一小节最后一句中的“决定性的胜利”，有的同学不明白是什么意思。谁明白？

生：“决定性”就是十分关键的意思。非常紧要，如果稍微差一点劲儿，就可能失败了；如果稍微一使劲儿，就可能胜利了。

师：听不太明白。

生：“决定性”，我觉得就是最重要的意思。夺得泸定桥，决定了长征的胜败。

师：意思对了，但你的话有毛病。“决定了长征的胜败”？是决定了胜，还是决定了败？

生：决定了长征的胜利。

师：嗯，这就说明白了。一件事如果办成了，那么和它相关的那件更大的事情就有成功的希望；一件事如果办不成，那么和它相关的那件更大的事情，也许就有失败的危险。这件事就叫关键的一件事。它要是取得了胜利，就是决定性的胜利。（指生 5）你按这个意思讲讲课文中的“决定性的胜利”。

生 5：泸定桥夺下来了，就决定可以继续长征；如果夺不下来，长征也就不行了。

师：基本是这个意思。不过，说“长征也就不行了”不太合适，可以说，如果桥夺不下来，长征就还得再费一点儿周折。

师：（课将要结束时）下面给大家布置一个作业，写一篇观察练笔，题目是“夺桥英雄素描”（板书）。刚才提问时有位同学说，课文没有描写红军战士个人的神态、动作、表情。现在你可以仔细观察插图，选一两个战士，把他们的形象描写下来，看谁写得最好。

【点评】

这是我在北京上公开课的一篇教学实录节选。在这次公开课上，学生一共提出了 16 个问题。我将这些问题分散在整个三课时的教学过程中逐个解决。其中有些问题的解决过程十分简洁，甚至仅有三言两语。因此，这里不可能把每一个问题的解决过程都摘录下来，只是断断续续地把几个用时较长的问题，掐头去尾地摘录了下来。这使我们不能看到教学的全过程。但仅从摘录的这些片段中，我们也可窥见教师在启发学生质疑问难、引导学生解疑释疑中的良苦用心。

“学起于思，思源于疑”，这是我国古代圣贤对学习、思考与疑问的关系所做的精辟论述。学生能够积极思考、主动质疑，就能一改“被动接受”“万马齐喑”的局面。这对他们获取知识、提高能力、发展智力都具有十分重要的意义。语文学习要求学生在语言和思维这两个方面都得到充分的发展。在教学中，教师启发学生质疑问难，能够培养学生主动、活泼的学风，这对于启迪学生思维，点燃他们智慧的火花，发挥着举足轻重的作用。学生能够在阅读中发现问题、提出问题、分析和解决问题，标志着他们可以凭借自己的积极思考，去发现和开拓新的知识领域。这对他们的语文学习来说，确实是一个质的飞跃。

语文教师在训练儿童愿思考、善思考的习惯和能力的过程中，承担着无可推卸的责任。在科学技术不断发展，知识不断更新的今天，我们的语文教学，应该从习惯的、保守的认识中解放出来。它绝不应该是单纯的知识传授，而应该使学生懂得获得知识的途径和方法，养成主动获取知识的习惯；应该使学生获取知识的过程成为一种综合性的智力操作，而不应该是单一的记忆劳动。因此，培养学生敢于并且善于质疑问难，是语文教学的一个重要任务。

本课中学生提出的问题涉及面很广，有遣词造句、修饰形容方面的，有选材组材、布局谋篇方面的，也有关于中心、结构和故事情节方面的。在有限的教学时间内，教师要处理好这么多问题，是需要有一点儿“手腕儿”的。这种“手腕儿”主要表现在：

第一，教师把学生提出的问题糅合到整个教学过程中，问题一个一个地被解决在相应的段落学习过程中。这样处理的好处，一是不占用单独的大块的时间来解难释疑，在教学时间的使用上非常经济；二是把问题放到各自的故事发展阶段（或语言环境）中，既不打乱原有的课程节奏和逻辑，又避免了孤立地处理问题，使学生便于接受。这种“一切都在过程中”的思路和方法，尽管对学生的学习是一种促进，但同时，对教师的教学也提出了更高的要求。教师需要对学生所提的问题做到时刻心中有数，能够及时将这些问题纳入教学情境之中。这在本教例中表现得很明显。

第二，教师把学生的提问和自己备课时的思考紧密结合。在这一教学实录中，我们不难发现，学生提的有些问题，是教师备课时已经充分考虑到的，所以教师只要按自己预定的授课计划进行教学，问题自然迎刃而解。但有一些问题，显然与教师的备课思考不一致。因此，教师及时调整授课计划，把学生所提的问题汇入教学过程之中。最明显的是实录中第一位学生所提的问题，它使教师的教学计划发生了大幅度的改变。教师由原计划的逐段讲读，改为先讲首尾两段。这种大胆的调整，不但有利于解决学生所提的问题，而且使课堂更加灵活、紧凑，效果非常好。当然，这也需要教师具有较好的驾驭教材教法的技巧。

第三，教师有意地把每一个问题“物归原主”。谁提的问题，最后还交给谁。或者在讲解了有关内容后直接由提问的学生回答，或者在解决了问题后询问提问的学生，使每个问题都有始有终有着落。这不仅是一个形式、一个过程，更是教师注重教学反馈，注重每个学生由不会到会的学习过程而采取的措施。“让问题回家”促使学生更用心地听讲，也对教师提出了更高的要求。教师不仅要记住每一个问题，还要记住哪个问题是由哪个同学提出的。这的确是一项很高的要求。我采用了在学生提问时，在教科书的相应段句做简单标记的方法，以弥补记忆的不足。

第三辑

师友依然在心间

光璎大姐

张光璎老师是在北京的教育岗位上工作了一辈子的著名特级教师。她为人宽厚、刚直，乐于助人，所以很多人称她为“光璎大姐”。我在教学上曾得到她多次耐心指导。我教语文初期，有一段时间为教学能力停滞不前而忧心忡忡，她给我题字“天下本无事，庸人自扰之”，这使我放下包袱奋起直追。她写字遒劲有力，有一位大学老师曾夸她的字“光璎字有骨，一扫女儿风”。她是中国民主促进会（简称民进）的中央委员。现在她已经80多岁了，依然精神矍铄，反应迅速，仍然在指导很多老师教学。

我第一次见到她，是在20世纪80年代初。那一次，她受北京市教育委员会委派，到张家口讲课、讲学（随行的还有位男老师，但我想不起来他的姓名了）。我当时由于刚刚改教语文，一切都是从头学起，没有资格和张老师单独接触，只是如饥似渴地倾听张老师的讲课和报告。虽然如此，我也似醍醐灌顶，脑洞大开。她那优雅的略带南方口音的讲话，不但震动了我的耳鼓，也深深地震动了我的心弦。从此，我立下了要当一个像张老师那样的好语文老师的目标，并为此不懈努力。

1985年夏，国家教育委员会在北京举办了全国小学教育研究班。全国各省、直辖市、自治区各推荐几名人员参加。我是河北省教育委员会推荐去的。这一次，我有机会又见到了张光璎老师。她邀请我去她的学校（丰台区右安门第一小学）讲课，我得以再次面对面地接受了她的指导和帮助。时隔不久，她又邀我去讲课，还请了北京市的一些教研员和老师去听课，包括她的妹妹张光珞老师（时任海淀区教研室主任）。我讲的是《飞夺泸定桥》。讲完课后张光珞老师开车拉我又去了海淀区。我们在海淀区吃了午饭，下午我就在海淀区的一所小学又讲了一遍《飞夺泸定桥》。我还根据上午讲课的情况，增加了阅读和表达训练，一口气上了三节课。听课的几百位老师给了我热烈的掌声。我知道我讲课有进步了，这也得感谢张老师姐妹。自此，北京市的学校就不断地邀请我去讲课。有一次，河南省洛阳市西工区教研室的老师到北京市海淀区学习，海淀区教研室的老师给他们播放了我讲的《飞夺泸定桥》录像。后来这些洛阳的老师就到处打听我的联系方式。此后多年间，我在洛阳讲了十多次课。所以说，去北京讲课对我来说是一个全新的开始，而张光璎老师是这一切的推动者。

1987 年，我被任命为河北省张家口市桥东区实验小学的校长。我想在校门口的墙上把校名做成浮雕效果，就又想到了张光璎老师。她是民进中央委员，我是民进会员。我想请张老师带我去请赵朴初先生给我们题写校名（大家都说我胆大妄为，不知天高地厚）。到了赵朴初先生的办公室，负责的人很亲切地接待了我们，说题几个字没问题，可惜赵朴初副主席在国外，能不能改由副主席葛志成先生题写。我马上答应了。于是，由民进中央副主席葛老题写的校名终于镶嵌在我们校门口的墙上。

在这之后，我和张老师始终保持着联系。她从做人、做事、教育、教学、待人接物等方面毫不保留地支持、鼓励、鞭策我。北京教育学院丰台分院马洪波先生请我去北京讲课。张光璎老师还特意从很远的地方赶过来看我。我们执手叙话，共进晚餐。张老师鼓励我老骥伏枥，也嘱咐我年事已高，注重保养。

张光璎老师始终是我的导师、大姐。她使我在教学这条路上越走越宽，越走越顺。这条路我还要一直走下去！

可敬的底学峰老先生

底学峰老先生是河南省洛阳市西工区教研室的教研员。他个子高高的，很清瘦，脸上皱纹不少，一笑，脸上像开了一朵菊花。他生性严肃，但又诙谐幽默，真是一个怪老头。

西工区教研室是一个团结务实的集体，主任叫谢学仁，为人勤恳和善。从 1978 年到 1989 年，西工区教研室连续请我到洛阳 11 次，讲了近 20 场课和讲座。1989 年，我去成都讲《第一场雪》之前，就在洛阳，还是西工区教研室的老师送我到车站奔赴成都的。

我每一次去洛阳，底老先生总请我和教研室的老师到他家吃饭。他家在一个小院里。底老先生酷爱信鸽，养了一群。每次去吃饭，他都含着泪坚持要宰一只鸽子做菜，弄得我们于心不忍。我在洛阳，除去讲课，教研室的老师带我游览了洛阳及周边的风景名胜，如闻名天下的龙门石窟、关林、白马寺、白园、洛阳古墓博物馆（现名洛阳古代艺术博物馆）等，还开车去了两次少林寺。这样常来常往，我和西工区教研室的老师相处得非常融洽，无话不谈，还经常开一些善意的玩笑。底老先生年纪大，学识渊博，对教学有深入、独特的见解。他虽不是教研室的领导，但在研究教学或策划活动时，往往成了工作安排的决定者，连主任们也听他的。当时，常去和我们研究教学、帮忙工作的还有张相文和彭巧长两位校长，以及学习认真、力求上进的张丽霞老师（后来当了教研室主任）。张相文校长还是我们到底老先生家中聚餐时的掌勺大厨。

20 世纪 80 年代末 90 年代初，我在张家口当校长时，联系了北京的徐永德校长和洛阳市西工区教研室主任，召开了四次“京张洛三校教学交流联谊会”，其中有两次就在洛阳召开。第一次在洛阳召开联谊会时我得了脑血栓，就安排其他几位老师去参会（其中包括两位讲课的老师）。底老师非常惦记我，向他们仔细询问了我的病情和诊疗情况。吃饭时，底老先生领着全体老师举杯祝福我早日恢复健康。会后，底老先生让我去洛阳治病，说他认识一位住在乡下的名医，专门治疗各种重症。我听从他的建议，由女儿陪同到了洛阳。底老先生拉着我的手问长问短，关切、焦忧之情溢于言表。他说在洛阳的食宿费用和医疗费一律不用我操心。我再三推辞，底老先生就是不听。第二天，他就托人借了一部汽车送我去乡下求医，并和彭巧长校长，还有两位老师一路护送我。路很远，乡间路也不好走，一路颠簸，天又下着大雨。不顺的是车陷在一个泥泞的大坑中，怎么也开不出去。大家到旁边的麦田里，抱来不少麦秆垫在车轮下，但车轮飞转，车还是不动。没办法，大家只得去车后合力推车。最后车是开动了，但大家浑身都被雨淋透了，还溅满了污泥。顾不上清理，大家赶紧上车继续前行。到了名医家，医生给我号了脉，仔细观察了我的眼睛、舌底，给我施了针灸，开了药方。告别了名医，天已经不早，大家在乡村野店吃了一些面条，匆匆踏上归程。果然是神医圣手，不几天我的病就大为好转，后来痊愈。直到今天，想起当时大家满身泥浆却笑脸相迎的情景，我的心中还会涌起一阵阵暖意。

1993 至 2000 年，我下海去了广东。因为所在单位的人事管理制度，一直没有机会再见到底老先生，但通信或电话一直不曾中断。

2005 年，我携家人去武汉讲课，听说底老先生染病在床，讲课后我特意取道洛阳去看望他老人家。底老先生当时正躺在医院走廊里的临时病床上。我坐在病床边与他执手相叙，盼他尽快恢复健康。

2010 年 9 月 21 日，我在威海突然接到底老先生女儿的电话。她哽咽地告诉我，她父亲已经去世了。我听了像五雷轰顶，胸口疼痛，情不自禁地失声痛哭……我在家中给底老先生烧了纸，烧了香，给他老伴儿寄去了一些香火钱。三十多年的老朋友就这样一去不复返了。

后来，我又去了洛阳，本打算到他墓前磕头，但大家担心我的身体承受不了（毕竟当时我也 78 岁了），极力劝阻，就没有成行。临走前，我给底老先生留下八句话：

七八洛城初相见，十年十度相聚欢。

促膝谈教论共识，执手游城赏牡丹。
白园走过不胜酒，龙门去后难成眠。
今朝再来先生故，焚香叩首不复还。

今天回忆到此，我又已经泪眼模糊，写不下去了……

教学琐事回忆

我刚刚执教时，年纪最小的学生只比我小十岁，现在他已经六十多岁了，有不少教过的学生仍和我保持着亲密的联系。

我初得冠心病时在广东看病，遇见了三十多年前教过的一个学生，叫兰艳，在大学任教。她着急地给我联系了广东省心血管病研究所霍英东心脏中心的留德博士、心外科专家范医生给我亲自检查诊治。在此期间兰艳一直陪在我身边，不但在医疗上处处关照我，而且连吃饭、住宿、往返车费都强行替我付了，还给我买了许多营养品。

2012 年，北京师范大学召开“华夏名师支玉恒教育人生回眸暨教学艺术高端论坛”，邀请兰艳作为学生代表在大会上讲话。她含着眼泪回忆了我们的师生情，感动了全体与会的老师，我也被她说哭了。

1982 年，河北省电化教育馆来张家口给我拍教学录像片。那时拍摄的光源比较差，教室里点了很多盏碘钨灯，光线非常刺眼。上完两个小时的课，我双眼睁不开，不停地流泪。在家休息时，一群群学生买了东西来看望我。有一位正在哺乳的家长，挤了多半杯自己的奶水送来，说用人奶洗眼有效。

1989 年，我去成都讲课，课后上课那个班的全体学生每人都给我写了信。我写了一封五千字的回信，不但按照来信据义摘句问候了每一位学生，而且细致地描述了张家口的一场大雪（我当时讲的课是《第一场雪》，但成都的孩子没见过大雪）。同时，我像修改作文那样用红笔批阅了学生们的每一封来信，圈错字，改病句，加评语，提希望。这个班的学生还写了作文《我和支老师》，有的作文还在报刊上刊登了。

有一年，我到广东深圳的石岩公学讲《伟大的友谊》。课上有一个叫张永琦的学生问我：“马克思是怎样逝世的？”我当时真的回答不了。我说：“回去查一下资料写信告诉你。”我回家查了资料后马上给张永琦写了封信，还介绍了马克思的许多情况。

有一次，我在浙江台州讲课。课上有一个学生问：“‘屋’字为什么是尸字头？房屋和尸体有什么关系呢？”我说尸字头在这里不代表尸体，而是遮盖的意思，像房顶一样盖在上面。这样给小学生讲这个问题应该是不错的。但这个学生又接着问：“‘尿’字为什么也是尸字头？撒尿也要遮盖吗？”这个学生很厉害，他的话引起了一阵哄笑。我原想说尸在这里代表身体，但又没有十足的把握。我就说：“这个问题我一时也说不清楚（也恨我自己所学不够）。”我走到他跟前，把我的电话号码写在他的课本边上，说：“这是我的电话号码，我回去请教一下专家。你给我打电话我告诉你，可以吗？”回家后，我就向广西的黄亢美老师问了这个问题。黄老师立即给我回了一封邮件。问题虽然解决了，但这个学生到现在也没有给我打电话，不知为什么（黄老师的答案附在下面，老师们可以了解一下。我想那个学生也许不想知道，但老师们想知道）。

> 《说文解字》对“屋”的解释为：“尸，像屋形。从至。至，所至止。”意为人回到了该歇息的处所，即房屋。古文字中的“厂”字字形像山崖，古人穴居，故又以此表示简陋一些的房屋，故有厨、厕。“尸”则是在“厂”之上多加笔画，表示多层的遮盖物。屏、层等字亦是从表房屋的尸。在实际教学中，因尸与户字形相似，一些教师视之为户的省笔，因门户与房屋有关，故屋、屏、层等字均从尸，我认为这样解释也是可以的。
>
> 屋、屏、层等字的“尸”与尿、屎、尻、尾等字的“尸”，现代汉字形同义异，古代文字则形义迥别。如“尿”字的“尸”写起来像人下蹲的形状，屎、尻、尾可类推。
>
> 供参考。祝身体健康！

还有一些事情记忆深刻，现在回想起来还有些后怕。

20世纪80年代，我在张家口建国路小学任教。有一天，一个低年级的小学生下午放学路上贪玩，走到了一个工地上的大坑边。这个坑长、宽各有两米，深有十多米。坑口上搭了一些木板。这个孩子为了炫耀自己胆子大，就在木板上行走，脚一滑摔到了坑底。闻讯后，我和几位老师赶忙跑到了坑边。坑壁直立，根本下不去人，即使下去了，也无法抱孩子上来。好在挖坑用的卷扬机还在，有一根绳子上拴了一只大铁桶，可能是往上吊土用的，但挖坑的工人已经下班走了。怎么办？我急着要把孩子救上来送医院，就没有多想，果断地坐进了铁桶，请和我同来的体育老师开卷扬机把我放到坑里去。好在卷扬机操作简单，那名体育老师试了试，还能开动，就慢慢地把我放到了坑底。那孩子俯卧在地，一动不动，流了好多血。我没有多想，轻轻地把他抱起来，又坐进了大铁桶。谢天谢地，那名体育老师又把我们吊了上来。大家赶忙把小孩送进了医院。可惜孩子还是因伤情太重，挽救无效去世了。

事过多年，现在想来，如果当时那位体育老师开卷扬机时机器出了故障，如果绳子因无法承重而突然断掉，大铁桶就可能直坠坑底，可能会把小孩砸死（而我也可能会摔死）……这些后果不都得由我负责吗？也许还会连累开卷扬机的体育老师。回家后老伴儿骂我莽撞，还埋怨我把衣服弄得满是血迹。但当时不那样做又有什么办法呢？怎样对待学生是一个大学问，写这么一篇文章肯定说不清楚。

五斤香蕉

1987年，河北省张家口市桥东区新成立了一所小学，我被任命为校长，负责组建行政和教师团队。这个任务很快就完成了。但是，教师中有不少人是宣化师范学校短期培训班的应届毕业生。他们年轻有活力，工作也很努力，但缺乏教育教学经验，在教学上有些吃力。

怎么办呢？我就经常不通知他们，直接去听他们的课，以便了解他们的备课情况，并观察最真实的教学情况。

有一次，我去听一个叫张小红的老师上的二年级的课。小红教学内容准备得很充分，讲授和提问引导工作还算有序，但学生反应冷淡，举手发言的寥寥无几。下课后我跟她分析课堂，针对学生反应冷淡、发言不积极的问题，我给她提出了几条建议。

第一，改变教学语言（即与学生的谈话方式）。要说“小孩话”，态度要和蔼、温柔，不要急躁，语速要慢一点儿。

第二，想尽一切办法使自己的教学语言生动、有趣，要让学生学得有意思，培养一点儿幽默感。

第三，课堂形式要活泼、轻松，把学生带动起来。对发言积极的学生要表现出一种欣赏、夸赞的态度，巩固并继续鼓励他们发言。

第四，千万不要冷落甚至歧视不爱发言的学生。要更耐心一点儿，让他们回答简单的问题，逐步培养他们的自信心。他们的主要问题不是胆子小，而是没有自信。哪怕他们答得并不算好，也要表扬他们；哪怕他们答错了也要帮助、引导他们说出正确的答案，并且大加表扬（也是做给其他同学看，这很重要）。

这么多条建议，我怕她记不住，又写在纸上交给她。没想到她脾气还挺倔，总是强调这个班的学生天生不爱说话。

我瞟了一眼这些学生在课外活动的情况，只见他们玩得很开心，说得很热闹。于是，我有了办法。我对她说：“咱俩打个赌吧，明天我来讲一节课，你班上有 45 个学生，如果发言的学生超过 30 人，你就给我买 5 斤香蕉；如果不够 30 人，我给你买，怎么样？”她答应了，还和我拉了勾。

第二天讲课，她给我做统计，结果发言的有 32 人（不算学生一起作答的）。她服了，但有点儿气馁，也没有买香蕉。

我对她说：“你不要拿我跟你比，我已经教了近 20 年的书，你还不到半个月。我不要求你马上就做得很好，这需要慢慢来，长期磨炼。你很聪明，能言善辩，一定会很快改变形势的。”她的脸上露出了笑容。后来，她进步很快，三四年后就教起了高年级，班级管理工作做得也很好，但她一直没给我买香蕉。

后来我被调到桥西区教研室，只要遇到她，就跟她开玩笑要她买香蕉。又过了二十多年，我回张家口讲课，她去看我，给我买了十多斤香蕉，还有其他两大兜子东西，我们在座的一伙人嘻嘻哈哈地吃了。张小红老师脾气不好，跟好多人合不来，跟有的人甚至不说话，但跟我一直处得不错。我听说她现在已经成了骨干教师，常常担任毕业班的教学任务。我有时回张家口，跟她见了面还说她欠我五斤香蕉。以后再回家乡，我还要向她讨要五斤香蕉。

怪校长

我当过四五年校长。人们都说我是一个“怪”校长，说我“胆子太大”。

我对老师们要求很严。我规定：第一，每位老师都要经常听别人的课，不然就是不虚心（但没规定一学期要听多少节课，全凭老师们自觉、主动——也许我还不懂得量化管理）；第二，听课的老师不用事先打招呼，推门就进，被听课的老师不得拒绝，若拒绝或不高兴就是无礼；第三，听完课双方必须交换意见，不然就是不敬；第四，交换意见必须实事求是，实话实说，不许只讲优点，不然就是不诚。这些措施，使学校教学研究、互帮互学的气氛高涨。

同时，我对老师们要求又很松。我规定：教师早、午到校不必签到。我觉得人人都吃五谷杂粮，家家都有老有小，教师若迟到了，跟组长说一声就行了。我取消了 50 岁以上女老师、55 岁以上男老师的“坐班制”，让这些老师上完课就可以回家，可以自由支配备课、改作业的时间。我还规定，学校每周六下午不安排课程，学生在校可以尽情地玩、看书，老师们进行文体活动。结果老师们不但没有迟到、早退的，工作效率反而提高了，学校气氛生动、活泼。

我当校长当得很穷。我是新建学校的首任校长，学校没有一点儿积累，底子很薄。学校锅炉房的煤不够烧了，我还得从家里驮煤补充（虽然数量不是很大）。过年了，别的学校每位老师或多或少都能拿到一点儿奖金，我没钱，只能给每位老师发一把扫帚，没想到老师们还挺高兴，真是莫名其妙。

但是，我当校长当得又挺“富”。第二学期开学后，我凭借我在张家口市的一点儿影响力到处求援，教育局、政协等都给我提供了赞助。我还直接找到市长批了 10 万元钱，给新建的教学楼装了暖气。这样，学生们就不用再生着火炉冒着烟，开着窗户吹北风了。我用装暖气剩下的钱买了钢琴，配了计算机。这些硬件条件在当时张家口市的小学里是首屈一指的。这仅仅是发扫帚后第二年的事。

我当校长当得很“短命”，我自己不想当了。我总觉得我的强项是教学和教学研究，因此后来我坚决提出辞去校长职务当个普通老师。但上面不批，于是我就不去开校长会，不进校长室，不做校长的工作，到校后就进教室听课，有时还找课上（实在是自由主义泛滥）。教育局领导没办法，开除我的公职吧，错误没那么严重；开除党籍吧，一查档案 —— 我还没入呢！最后只好把我打发到教研室去了。

帮忙抢占房屋那件事

1987年，学校里有一位女老师叫杨惠敏。她结婚快两年了，还没有自己的住房，小两口只能和公婆挤在一间15平方米的平房里。房中间用铁丝挂一块布帘，晚上拉起来，就隔成了两个空间。小两口在里面，公婆在外面。虽然四口人过得和睦，但总是不太方便。杨老师甚至想在中间砌一堵薄墙，再开个门，但现实条件实在不允许——几件家具怎么放？

学校有一位叫刘兴元的老教师，他参加工作很早，已经离休了。区里的老干部局给他分了一套40多平方米的楼房（那时还没有商品房，住房都是分配的），但房子在6楼，刘老师年纪大了，腿脚也不方便，根本上不去。于是，我就去找刘老师商量，看能不能和杨惠敏换一下房，让刘老师去住杨老师公婆的平房，杨老师一家四口去住刘老师分到的两居室楼房。这样既解决了刘老师的爬楼之苦，也解决了杨老师的住房困难问题。没想到刘老师真的同意了。

但是老干部局的人听说刘老师不去住楼房，马上有人盯上了刘老师被分配的楼房，这下麻烦大了。

那是一个周六的下午，我找到杨惠敏夫妇，对他们说："有一件事你们敢不敢做？明天你们赶快收拾东西，搬到刘老师那套楼房里。"他们二人吃了一惊，有点儿犹豫："这不是抢占房屋吗？万一闹出事来怎么办？"我说："房子是由区政府统一调度的，是提供给区里的事业单位人员的，不是老干部局给的。你们双方同意，特别是刘老师同意，就没有大问题了。老干部局那边我有办法，要打官司我和他们上法院。这事是我的主意，你们不要怕。"我把钥匙交给杨老师，嘱咐他们找朋友把公婆的房好好打扫干净，修理整齐，再帮助刘老师搬进去（刘老师没房子，当时暂住在学校的一间小房子里）。于是，他们大着胆子，又有些忐忑不安地利用周日，搬完自己家，又帮刘老师搬了家。

周一早晨，我没顾上吃早饭，在街上买了两根油条，拿纸一卷，就去了区政府。我知道崔区长总是先来办公室点一下卯，再去基层工作。于是，我拿着油条，站在区长办公室门口等着。快八点了，崔区长来了。他见我拿着油条站在门口，笑着说："这么早就给我送早点来了？"我说："我是来向您做检讨的！"崔区长说："检讨什么？进屋来说，深刻点儿！"进了屋，我把油条放在桌子上说："您吃油条，我检讨。"崔区长笑了，说："犯了什么错误？快说吧！"我说："我替我们学校的杨惠敏老师抢占了一套楼房。"崔区长一听真有问题，表情立马变严肃了，问："怎么回事？"于是我把杨老师和刘老师的情况，以及事情的来龙去脉，从头到尾说了一遍。

崔区长静静地听完，想了想说："你用一套房解决了两家的困难，这个主做得好。要是所有的干部都能像你一样为群众着想，敢做敢当敢负责，我这个区长就好当了。你没有错，拿上你的油条回去放心地吃吧！老干部局那边我去说，刘老师分的房子不能住，他们不想办法解决，自己却先打起了主意，我还没批评他们呢！"

我回到学校，老干部局的三四个人已经在校长室等了我半天。我一进屋，他们马上围上来兴师问罪。我请他们坐，请他们喝水，他们都不理我。我不慌不忙地坐下来，对他们说："刘老师那套房子的事，崔区长已经知道了，训了我好一阵儿。崔区长让你们去找他。"这几个人兴冲冲地走了，自此，再也没有来过。

30多年前的教育教学工作笔记节选

以下是我选出的几篇30多年前写的工作笔记，有的写得很有意思，希望读者朋友们喜欢。

军令状

学生唐强各科成绩都不错。她记性好，学习方法灵活，基础扎实，语文基本功好，发展比较全面。但她写字很差，字形不美，字迹潦草。虽经多次谈话但收效不大。今日我找她长谈，她态度很诚恳，愿与我订立军令状。内容由我和她商定，由她执笔起草，然后双方签字。详情如下：

今有唐强与支老师立此状。

唐强愿意在写作业时把字写好，到期末，把字写得工工整整、漂漂亮亮，达到老师满意的程度，为此与支老师做如下约定，如有违反，唐强甘愿受罚。

一、平时写作业要一笔一画，行款整齐，要向赵桂红同学的写字水平看齐。

二、到期末，达到贾亚红同学的写字水平。

三、业余多写毛笔字，仿照钢笔字帖临摹练习。

四、若达不到以上标准的处罚办法（该不该处罚必须由双方达成一致意见）：

1. 唐强愿意接受重抄、重写的处罚。

2. 如达不到前两条标准中的一条，唐强愿在一周内背会一百首唐诗。

3. 如完全达到各条标准，支老师赠送唐强一个精装日记本（注：

这一条是我加上的）。

此军令状一式两份，双方各执一份。

签字 唐强 支玉恒

1980年11月13日

用打油诗释“谜”

昨天批改作业，我偶然发现唐强（就是上文立军令状的孩子）的作业本背面写了不少小诗。细读，觉得有的诗情绪不大对头，摘录如下：

无 题

海阔凭鱼跃，天高任鸟飞。
世界如此大，不得我留存。

路茫茫 道蒙蒙

路茫茫何在，道蒙蒙哪方？
人生为何如此难？降灾至我身！
路茫茫绝路，道蒙蒙死道！
人生一定要我死，因之我惆怅！
路茫茫一条，道蒙蒙反抗！
人生允我再挣扎，我定要雪耻！

怀 师

三年离别相去远，恩师慈容仍留恋。
登车只恨车行速，分手三年徒未还。
度日如年盼重见，岂知故乡噩耗传。
恩师四旬离人间，怎不教徒肠寸断！
踏车之声犹未忘，十年成人徒定还。

虽然难见恩师面，手抚坟草继香烟。
恩师启蒙功匪浅，徒不教师苦自眠。
徒愿变作坟头草，永伴恩师慰九泉。

我看这些诗不像是一个十二三岁的孩子所作，但从文字中流露出来的幼稚，再结合唐强确实是三年前由东北转入本校这些情况来看，又像是她自己所写，她的语文水平也有可能写出这样的诗句。但不管是她自己所作还是抄录，这些诗特别是前两首，都反映了一种特殊的心境——抄录也是对诗流露出来的情绪的一种认可、一种共鸣、一种选择。因此，我觉得有必要和她交流一下思想，就顺手在她的作业本上写了下面几句话：

偶然看见你写的几首小诗，从文笔上看是比较纯熟的（虽然还有缺点）。但“诗言志”，你的诗字里行间都流露出一种悲观的情绪，有点儿“愤愤不平”。按你的年龄、你所处的环境和时代来说，这种情绪是不该有的。“牢骚太盛防肠断，风物长宜放眼量”，要把眼光放远点儿，心胸开阔些，想一想家庭和父母，想一想人民和祖国，前途是光明的！

《怀师》写得很好，感情很深。以上的话不一定对，希酌！特赠拙诗一首：

原应高瞻途正长，何故蹉跎枉惆怅？
宜使青春更璀璨，莫叹世事有炎凉。
“不畏浮云遮望眼”，岂为闲情寸断肠。
诚希抛却书生气，不负年华在芬芳！

今日又收作业，唐强写来一首答诗，心结似开：

拙诗几首乃闲谈，谁料老师费心看。
今得老师一指点，至此放眼心怀宽。
青春年少时光好，幼时刻苦最为先。

今日再得师启蒙，八十年代志成才。

下午我又找她聊了聊，她说让我放心。我想她也许有不便与我讲明的原因，不好再问，再观察一些日子吧。

（本文写于 1980 年 6 月 11 日。唐强毕业后顺利考入重点中学，各方面表现都好。现在她已有 47 岁。写了她小时候的一点儿生活小浪花，也是一种纪念吧！祝她一生平安！）

让学生提意见

昨天布置家庭作业，我让学生写一篇作文，题目是“对语文教学的意见”（不署名）。今天综合学生们所提的意见，共归纳以下 29 条。

1. 要重视汉语拼音，加强练习。

2. 课文应再讲得细一点儿，多讲一些词义。

3. 解释词语前应尽量先让我们自己查字典。

4. 上课应多让朗读能力差的同学读。

5. 要加强课外阅读，设法解决无书的问题。

6. 上课发言时应尽量让更多的同学说自己的见解，不要只让几个同学说。

7. 有的课文老师讲得太快，而有的课文老师又讲得太少。

8. 每周语文课占用的自习课时间太少。

9. 作文指导再细一些，多给一点儿练习的机会。

10. 练习写人的作文不多。

11. 老师上作文讲评课要读一些写得不好的作文，要说说哪里不好。

12. 多找一些作文参考材料，对作文开头和结尾的写法应多做指导。

13. 写作文很难，希望老师能帮忙迅速提高写作水平。

14. 语文课堂作业和家庭作业都留得太少。

15. 要多留语文预习作业。

16. 不要留语文预习作业。

17. 要多留写生字、生词的作业。

18. 要多留带有思考性的家庭作业。

19. 要严厉批评抄别人作业的现象。

20. 在晨读时间要讲一点儿功课内容，这时候记忆力最好。

21. 每天下午放学时间很早，可以再晚一点儿。

22. 老师有时占用上课时间批评不守纪律的同学。

23. 老师有时批评同学，语带讽刺。

24. 要批评那些爱讥笑别人的同学。

25. 要多给学习差的同学补课。

26. 每次考试要提前告诉学生。

27. 在自习课上，老师有时在教室后面一边批作业，一边抽烟，这对老师和同学都不好。

28. 老师有时让同学上街买东西，同学到了上自习的时间还不回来。

29. 对于捣乱的同学，老师要请他家长到学校。

以上 29 条意见多数是很好的，它们反映了同学们对老师和集体的关心。今天我针对各类意见向同学们做了解答，并就我的缺点和错误向同学们道了歉，承诺立即克服改正。

让学生提提意见挺好，这样既帮助了我改进工作，也增进了师生之间的情感和信任度。

（本文写于 1980 年 10 月 29 日）

给学生编谜语

今天是 1980 年的最后一天，下午各年级各班举行迎新年游艺活动，我们班也举行了猜谜、钓鱼等活动。我独出心裁，结合一些学生的特点，编制了一组谜语，请全班同学猜猜我写的是谁，每条谜语猜一个学生名字。如：

（1）身体好，脾气急，胆大敢把意见提。

爱动脑子爱提问，上课发言最积极。（蒋向群）

（2）跳得高，跑得快，上课却爱低脑袋。

老师把她名字提，反而对你笑嘻嘻。（贾秀萍）

（3）走也笑，坐也笑，挨了批评还是笑。

若要问她为啥笑，她说她也不知道。（李迎春）

（4）胖墩墩，白生生，两眼不大却有神。

各门功课进步大，朗读课文可不行。（郭志刚）

（5）早晨天天来得早，擦完桌子把院扫。

功课虽然费点劲，肯下功夫就挺好。（赵桂红）

（6）个子小，嗓门大，胆子反而有点小。

担任工作负责任，朗读课文数他好。（苏小军）

（7）听得多，见得广，性情天真又直爽。

学习爱犯冷热病，上课爱把别的想。（刘健）

（8）脑子活，记性强，一上课，他就忙。

受到批评翻白眼，嘴巴撇得三寸长。（王汝涛）

（9）上学匆匆忙忙，放学家务也忙。

虽然脑子不差，太忙没有用上。（朱武）

（10）踢球一员虎将，作业错字大王。

最近进步很大，今天应该表扬。（李博）

（11）伤筋动骨不发愁，坚持学习有劲头。

热爱体育身体好，可惜写字太潦草。（谢海丽）

（12）面色黑里透红，下棋全区闻名。

虽然身体有病，学习认真刻苦。（张同斌。该生小学毕业两年后病故，思念他）

…………

我每读完一条，学生们很快就异口同声地说出谜底。念完后我向学生指出：第一，描写一个人物，一定要抓住他的特点，只有特点抓准了，一个人的形象才能表现出来；第二，谜语中提到了一些同学的优点、缺点，希望这些同学能在新的一年里发扬优点，克服缺点。

同学们兴致很高，有的还抄下来，准备给家长看。整个猜谜活动增加了节日的欢愉气氛，也增进了师生感情，使学生在活动中学到了知识。

38年后的重聚

2016年8月的一天，我忽然接到一个电话，对方说:“支老师，您可能不记得我了，我是您的学生，张家口市宝丰街小学1978年毕业的刘春艳。”经交谈才知道当时她是班长。她代表全班同学邀请我到张家口参加师生聚会，还请我给他们再上一次课。这让我想起了许多往事。

1978年，是我由教体育改教语文的第一年。刘春艳他们班是我改教语文后教的第一个班级。当年，在那种“停课闹革命”的氛围中，他们小学阶段的学习状态可想而知。前一个学期我还教他们体育，紧接着一个学期就改教他们语文了。这对我来说是一份陌生的工作，对他们来说感觉也有些新奇，他们的语文真的“是体育老师教的”。因此，对这个班，我教得格外努力、认真。语文教材里的许多字他们都不认识，有的连我看着也眼生。我讲课尽力适应他们的水平，为了完成教学任务，我想了许多办法，尽量把课讲得幽默、风趣，以激发他们的学习兴趣，提高教学效果。课间，我带他们踢球、打沙包，假日带他们去郊外游玩。师生关系特别好。一年后他们毕业了，都考上了中学。没想到这么多年了，他们还记得我，给我寄来了当时的班级毕业合影。

我欣然答应了他们聚会的要求，但因为正值盛夏，于是我们约定到九月份秋高气爽时再聚。

9月5日，老伴儿陪着我，儿子开了12个小时车，奔驰了近1000公里，终于在傍晚到了事先约定见面的酒店门前。不少学生已经久候在那里，大家见面握手，又高兴和激动，又有些感叹和唏嘘，这些学生有的已经退休了。他们已经把聚会的日程安排好了：6号休息一天，7号到宝丰街小学见校长，商定讲课的事（此前我已与校长通过电话），8号到张家口草原天路旅游，9号自由拜访，10号（正好是教师节）讲课，然后休息几天，让我们去拜望一下张家口的亲朋好友，17号去沙城葡萄园采摘，18号送我们返回威海。这些天，每次聚会都有20多人参加。在重庆工作的曾胜，在石家庄工作的田晓光、张建梅都特意赶回来聚会。人在新加坡的郭建晔、加拿大的王锋、深圳的王小荣，也都打来电话问候。每次聚会外出，都有几部车往返接送。我们在张家口的食宿、聚餐、采摘等，学生们不让我们花一分钱，都由他们共同解决。我们再三推辞，无奈盛情难却。

9月8日早8点，我们准时出发，一路上欢声笑语，很热闹。虽然已是初秋，但草原天路还是很漂亮，蓝天白云，山峦起伏，绿树夹道，远处平野梯田，美不胜收。每到风景优美的地方，我们都下车，随意玩耍。我虽然年纪大了，也被他们的热情感染，和他们一起嬉戏，大家都很快乐。到了沽源的一座山丘，人工修建的木制甬路直通山顶。远望平阔的山下小平原，闪电河蜿蜒曲折，静静流淌，在日照下闪着亮光，四周一片碧绿。大家拍照留影。女同学们不约而同地带来了各色的长丝巾，微风一吹，飘起一片彩浪，真是美极了。

9月10日，正逢教师节，按计划我要给他们再上一次课。课堂就在这些学生毕业的学校宝丰街小学的小礼堂里。宝丰街小学的老师早已把礼堂布置妥当，排排桌椅整齐干净，讲台两旁挂了一副对联，大书14个字："重逢已历卅八载，再课相知一百年"，点明了上课的背景和企望。有五六十人来听课，还有一对来自美国的教师夫妇也来听课（并且讲了话），张家口电视台、《张家口日报》《张家口晚报》的五位记者来采访（《张家口晚报》用整版篇幅做了相关报道）。我和学生们事先约定，既然要怀旧，上课就按当年的方式——学生们按座位坐好，班长喊"起立"，师生相互问好。学生上课发言要举手，得到老师允许后起立发言。下课时仍要起立，师生互道再见。身着一袭白地红花旗袍的主持人张建梅同学宣布上课后，先是安家红同学代表全体同学献花，然后是由当天从石家庄飞到张家口的田晓光同学（上完课后还得飞回石家庄）介绍我，接着是孙善哲同学致辞。多才多艺的曾胜同学以个人名义捐献了由自己撰文、河北书法家彭晓东书写的条幅："博学逆境图强，小教名显塾堂，故校古稀重往。讲坛再上，喜看桃李芬芳。"

我没有讲小学教材，因为学生们都已成年，而是讲了朱铁志写的一篇文章《不一定……》。文中阐述了事物的发展变化，告诉读者要学会判断推理，因事因人辨析。学生们学得很好，齐声诵读，分析判断，说得头头是道。

课讲完了，但聚会还没有结束。学生们又自发表演了事先准备好的“节目”：小学课文朗诵、诗词朗读、歌曲独唱、太极拳表演、朗读38年前自己写的作文等。最后张家口电视台的记者对我进行了现场采访。我说，这个班是我教语文后带的第一个班，是他们教会了我上语文课，我应该感谢他们。课讲完的第二天，我又应张家口宣化区的邀请，到宣化讲了一堂课。这些学生有的又跟到宣化去听课。这是我几十年来过得最有意义的一个教师节。

休息了几天，我们拜望了张家口的亲朋好友。9月17日，我们又乘车去沙城参加了聚会的最后一个项目——葡萄园采摘。园子很大，累累果实结在葡萄架下的藤蔓上，煞是好看。学生们边采边吃，累了，就把毯子铺在湿地上，坐着纵情唱歌、聊天。师生欢乐的情绪感染了果农，他们也和我们一起聊起来。我们共采摘了20多箱葡萄，其中4箱又大又甜，是学生们特意为我留下的。想不到回到市里后，未去采摘的黄颜玲同学又送给我们十多箱葡萄（她家经营水果店），把我们车的后备厢塞得满满的。晚上班长刘春艳和安家红来饭店送我们，又给我们买了茶叶、香烟等很多礼品。因无法推辞，我们只能设法往汽车后排座上堆放了。

9月18日是返回威海的日子，一清早学生们就聚集在饭店的大厅里等我们。他们带来了特意印制的这次师生聚会的纪念册，上面印了每一位学生的通信地址、工作单位和电话号码，记录了这次聚会的每项活动。曾胜同学又赋诗词送给我：

> 秋未满，月已圆，人尽欢。葡萄树下师生，一缕阳光为伴。
> 笑语嫣然，时光同喜同乐，浓情不离不散。相伴，同行，珍爱，往事尽随温情去，今朝只为相知来。
>
> 葡萄架下追诉，温馨互动如故。劳动获快乐，师生清纯常驻。

回顾，回顾，只记收获无数。

我和老伴儿在学生们的簇拥下上了汽车，大家隔着车窗挥手告别，有的同学在偷偷擦眼泪。我喉间哽咽，心中默念：“可爱的同学们，明年9月我还来看你们……”

门房李老爷子

过去说的“门房”，就是现在说的门卫、保安。李老爷子是张家口宝丰街小学的门房。我和他在这所学校一同待了二十多年。

他叫李本海，中等个头，圆头大脸，满脸络腮胡子，我老觉得他很像鲁智深。他的脾气既温和又暴躁，这要看他对待什么人。

我很尊重他，与他平等相处，从来没有因他是勤杂工而像有的人那样对他呼来喝去的。他老伴儿没工作，老两口没生孩子，抱养了一个男孩。但这个男孩有血友病，稍不留神就鼻血长流，因此他们家生活很困难。

老爷子任劳任怨，一年四季没有假期，每天只有回家吃两顿饭的一小时时间是他自己的（他去吃饭时就由厨房大师傅替他看门）。他工作极其负责，只要他在，街上的小混混们就不敢到学校滋事。

我和老爷子相处得非常好，我管他叫李大爷。早年上体育课时常连上几节课，累了就到传达室他的床上躺下休息。他很高兴，因为我没有嫌弃他。

后来我改教语文，经常用蜡纸刻印一些作业、练习题、学生的作文，等等。这种活儿又累又脏，老爷子替我“承包”了这些活儿，我买了点酒谢他，他还不要。

“文化大革命”期间，我和几个老师被打成了“反革命”，在学校里被强制住宿，强制劳动改造。每天早晨上班，老师们到校后先吃早点，然后开会学习（那时学校已经“停课闹革命”了）。我们几个“反革命”却不让吃早点就下防空洞干活（“革命委员会”的人说饿着肚子改造效果好）。老爷子看到这种情况，就悄悄上街给我买了早点送来。我告诉老爷子多买几份，从此，我们几个“反革命”也有早点吃了。要知道当时老爷子这么做可是冒了很大风险的，一旦被人发现，“同情反革命”“破坏改造”的帽子就会牢牢地扣在老爷子的头上，他甚至会因此失业！

在我被调到离宝丰街小学很远的建国路小学后，老爷子想我了，还特意跑到建国路小学来看我。那时他已年过七十，腰和腿有了毛病，走路一瘸一拐的，走了一个小时才走到。我们让他歇歇脚，喝点茶，请他给宰了鸡（我不会宰），我和老爷子痛快地喝了一顿酒。老爷子哽咽着说："我在学校里干了一辈子，只有你看得起我！"那时还没有出租车，他回去的时候，我只能眼巴巴地看着他一瘸一拐地远去。我的眼睛湿润了。没想到，那竟是我与老人家见的最后一面！

我想起了两个词——人性、人情。这两个词，真是沉甸甸的啊！

求医豫川行

四川省仪陇县是朱德元帅的故乡，我去那里讲过四次课。

第一次是在 2012 年 11 月，仪陇县教研室的吴林涛老师请示县教育局后邀请我过去讲课。他们热情地接待了我，还特意编印了一本有关我的小册子，发给老师们人手一册。我做了讲座，并讲了课，在仪陇产生了一定的影响，自此便跟仪陇的老师们结下了友情。吴林涛老师自不必说，他是书法家，先后给我题写了四次条幅。有一位老师叫胡燕，在我生病时还不远千里特意从仪陇赶到威海看我。还有一位老师叫王英梅，我第一次去仪陇的时候她负责接待我，我的工作、休息以及饮食起居，她都安排得井井有条、妥妥帖帖。后来又去的时候，她又一次主动地承担了接待我的工作，依旧安排得那么细致周到，百无一失。她知道我心脏不好，做过搭桥手术，因而对我格外关心。她时常跟我说，县里有一位老中医，医术很高，要介绍我去看病。但我每次去仪陇都时间紧迫，匆匆而行，总是没有去成。

2016 年，我的身体又闹毛病了，而且腰、腿也疼。王英梅老师得知后，又打来电话催我去看病，而且说已经和老中医打过招呼了。这次我心动了。

正在这时，张学伟老师也打来电话，邀请我去洛阳玩，会会老朋友，顺便讲讲课，说日子已经定好了，就在 4 月份。

我想，反正得出一趟远门，何不将仪陇、洛阳连成串，一次成行！既省事省钱又省时间，何乐不为？于是，就这样定下来了。

4 月 16 日，我和老伴儿从烟台上车，17 日中午抵达洛阳，张相文、张丽霞等朋友，一直把车开进车站，到站台来接我们。大家已有很多年没见面了，一见面就握手、拥抱，别提有多高兴、多激动了。大家坐车来到饭店，又是不让我们花钱。大家叙谈良久，几年的话怎么能一下谈完，晚饭接着谈。有不少话题与底学峰老先生（前文已有介绍）有关，真是“阔别十多载，又到洛阳城。挚友关心切，胜似当年情”。可惜再也见不到底老先生了。

4月18日，我到学校讲课，礼堂里黑压压地坐满了人，连门口、窗外也都挤满了人。我讲的是《太阳》，课堂气氛很活跃，学生们学得很好。讲完后，前教研室主任张丽霞评课。20日，我应邀到北京第二实验小学洛阳分校参加洛阳市小学语文名师工作室联盟第四次活动暨“本真课堂”五校联盟第69次教研活动，听了该校优秀青年教师叶峰亮执教的观摩课《孔子学琴》。叶老师结合文本特点，巧妙设计教学环节，课上得扎实、有致。课后我和他单独交谈，对他的教学能力给予了充分的肯定，也诚恳地提出了一些改进意见，还帮他修改了板书，叶老师和校长张胜辉先生都很高兴。接着我做了一场教学讲座。吃饭时，大家仍然沉浸在课堂中，津津有味地谈论有关语文教学的话题。

在洛阳的这几天，正赶上一年一度的洛阳牡丹花会，洛阳的朋友又陪我们参观了花会。洛阳牡丹名不虚传，满园牡丹竞放，姹紫嫣红，鲜艳夺目，园中游人如织。洛阳的朋友给我和老伴儿照了不少相片，我们还共同合影留念。后来他们又特派张巧暹老师带着我老伴儿去游览其他景点。洛阳的朋友们真是尽心尽意啊！

4月20日下午，我又应老朋友张相文的邀请，到他主持的汝州外国语学校讲课。当晚，我们住在一家温泉宾馆里。据说武则天在这里泡过温泉，未必确有其事，但温泉是真的，泡起来浑身光滑，确实舒服。第二天，张相文又带我们去体验了汝州的怪坡——开车从坡下往坡上走，不用踩油门，还得刹车；从上往下走，却要加速。21号讲课时，因学校的讲台太高，大约有40厘米，又没有台阶，腰刚好了一点儿的我上来下去讲课时又扭到了腰。我坚持上完课，然后由张相文开车送到郑州，准备搭飞机去重庆，再取道四川南充转仪陇，赶紧去找老中医治腰。

4月22日，我们从郑州飞到重庆。南充的朋友驱车近200公里到重庆来接机，到达南充时已是傍晚8点多，杨君华、黄袁未二位老师已久等多时。我们吃了一点儿饭，又在他们的安排下入住酒店。23日，仪陇的吴林涛老师又驱车赶到南充，接我们去仪陇。到达仪陇后，王英梅老师早已安排了当地最好的酒店，并且付完了几天的房费。我让服务员收我的钱，服务员悄悄地说："王老师嘱咐过，不许收您的钱。"和在南充一样，因盛情难却，我只好作罢。随后，王英梅老师就带我们去见老中医张国鸿先生。张医生面容和善，但不苟言笑，三言两语便洞悉了我的病情。我对他佩服得五体投地。谈完话，我向张先生深深鞠了一躬，并约好第二天早 8 点诊脉。听说这里的人想请张医生看病，要凌晨四五点就得排队领号，因为我远来是客，特别安排我 8 点到院，即来即诊，我感到不胜荣幸。

第二天到了医院，张医生诊室的门前被堵得水泄不通。张医生引导我们进屋，众人才让出一条通道。王英梅老师向大家解释道："这对老夫妇是特意从山东不远千里来这里看病的。"众人谅解了我们。我打算先治腰痛，因为这是当务之急，然后再调理心脏。张医生静静地摸我的左、右脉，不时问问题。他说我这是急伤，能够用药物治好，不用针刺、火灸。接着他开了处方。吃了药的第二天，我便觉得腰胯轻松了不少，连吃了三天感觉大好。张医生又给我开了治疗心脏的药。

因为我们不能在这里久留，于是和张医生商定，我们返回威海后，每天通过微信向张医生报告身体情况，张医生再结合脉象和病情开好药方，然后由王英梅老师买好药再快递到威海。真是不幸患病，麻烦多人。临走前，我请吴林涛老师代笔，为张医生写了一面锦旗，上书"仁心妙术"，算是尽我一点儿心意。

这一次出行，我受到许多朋友的关照，有几年、几十年的老朋友，也有初次见面的年轻朋友，还有素昧平生的名医。他们待我都是那样尽心竭力、真心实意，有的甚至为我花费数千元，而且不容我推辞，让我永铭于心，我特意题诗一首：

人到老年多病痛，一路求医千里行。
牡丹园内花解语，武后池中水去尘。
南充小友夜程苦，帅乡名宿岐黄精。
今始归途心潮涌，感恩天下好心人。

特别感谢以下朋友的帮忙。

洛阳：张学伟　张丽霞　马玉荣　底红艳　谢学仁　马建国
　　　张巧暹　张胜辉　王聪聪　蒋　琼　李俊涛

汝州：张相文　刘善杰

南充：谢飞鹏　黄袁未　杨君华　谢纯威

仪陇：张国鸿　王英梅　吴林涛　熊　英　胡　燕

第四辑

我这样一路走来

我这样一路走来

编者按：支玉恒近40岁时才由体育教师转做语文教师，结果一教就教出了自己的个性，教出了语文教学的名堂，教出了在全国的影响。于是，他成为小学语文教学界的一位传奇人物。虽然他身上缺少一些人们通常看得很重的荣誉光环——他不是“五一劳动奖章”获得者，没有被评过“全国优秀教师”，甚至不是特级教师，但他并不缺少同行的认可。在小学语文界有“四大天王”之说，支玉恒便是其中之一。或许我们可以说这样的话：来自同行的认可才是真正的认可，来自同行的尊敬才是真正的尊敬，来自同行的荣誉才是真正的荣誉。

支玉恒幽默、诙谐、炉火纯青的教学艺术，令数以万计的一线教师折服。他有数量可观的“追星族”，为数不少的青年教师找上门来要拜他为师。这说明支玉恒是一位具有专业魅力的语文教师。论他个人的影响力，他走多远，他的课就带到多远，他的影响力也就扩散到多远。他用一支粉笔驰骋大江南北，足迹几乎遍及全国县级以上的地方。他开创了小学语文教学“以读代讲”之风，创立了“自主发展—点拨启导”式教学。他把自己对教学的思考、对理论的研究都注入了自己的教学实践中，启发、引领了众多一线教师。

经常有老师问我：“您学历不高，又不是科班出身，为什么课讲得那么好？”

的确，论学历我可以说是中专。初中毕业我考上了体育学校，实际的文化水平，也就是初中那点儿底子。体校毕业后，教了20年体育，后来才改教语文。

死心眼下笨功夫

我初教语文时，语文教师的三大基本功 —— 读、写、说，可以说样样都不行。怎么办？我这个人有一个怪脾气 —— 不论干什么，不想让人家挑出毛病，不想让别人笑话。于是，一狠心，练！汉语拼音一点儿不懂，找本校教低年级的郭兰芝老师学，一连补了三个晚上，攻下来了。字写不好，练毛笔字！一连三四年，备课、改作业、批作文、写总结、写论文，包括写检查，只要写字，一律毛笔小楷。朗读读不好，借来录音机，读了录，录了听，听了改，改了再读再录再听，每篇课文都要折腾三五遍。文化底子薄，不懂教学理论，买书、看书、做笔记、写心得，一直坚持到现在。

我这个人生性乐观，老招人笑，大家都喜欢听我说话，说这叫幽默。这幽默可帮了我的大忙，上课时，学生两眼瞪得溜圆听我讲课。下课了，我就与孩子们一块踢球，他们二三十个人从我脚下都抢不走球。他们可佩服我了，我说什么他们都听。班里的纪律也好了，一个学期得了二十多次红旗。学生毕业考试一下子考了全市第一。坐下来一想，我这个语文老师当得还行，心里挺骄傲！

但是上课，总觉得有点儿无头无绪。没关系，听听别人怎么上。上课了，不管人家同意不同意，我推开门就去听课。被听课的老师见我傻傻的，挺真诚，也不好说什么了。下了课，就找老师研究讨教，有时也给人家提提意见。真奇怪，老师们不仅没有讨厌我，看样子还很欢迎。于是，几年下来，我的听课笔记本堆了一大摞。我把它们分别装订成册，包上皮儿，还给它们起了好听的名字，如叠翠、积玉、传芳、览胜，等等。

那时我们的校长是刘树勋先生。这位校长有个特点 —— 酷爱听课。他一听课，就把怀表掏出来，放在桌角上，听得哪里有问题了，就“吭吭”地直咳嗽，下课就要找你“算账”。他特别爱听我的课，于是我就得到了他许多的“吭吭”。还有一位刘淑娴局长，人很和气，听课听高兴了，脸上就笑成了花，于是我也得到了她许多美丽的微笑。我的语文教学就是在这二位长者的微笑和“吭吭”声中一天天进步的。一晃，七年教了七个毕业班，除了接手的第一个班在全市考第二，后面的六个班在全市都考第一。

渐渐地，我被区里的教研部门盯上了。那时，张家口地区教研室的主任是李德善先生。此人文学水平很高，擅长语文教学。他召集了我和其他几位优秀教师组成了一个类似于“别动队”的特别研究小组，经常在一起切磋交流，还编写了上百万字的教学资料。和李德善主任共同研讨教学的那几年，是我教学水平提高最快的几年。

踏上自我反思的“战车”

大概是 1982 年，我教语文的第四年吧，河北省电教馆要来张家口给一位老师做录像课，我偷偷地找到李主任，让他去和省里的同志商量，给我也拍一节课。没想到人家答应了。那是我第一次看见摄像机，讲了郑振铎的《别了，我爱的中国》，没想到这节课被推荐上去，还获了全国的奖。从这以后，我就走出了张家口，应邀到省内的不少城市讲课。在外面讲课，既是荣誉，也是压力。正是这种压力，逼得我进一步苦学苦练。

1985 年，我参加了为期一年的全国小学教育研究班。在那里，我听了许多专家、教授的理论报告，参加了深入的理论与实践研究，教育理论水平得到了一次空前的提高。在学习交流会上，我做了关于“教学过程的主要矛盾”的报告，并参加了研究班学术著作的编写工作，在编写过程中更广泛地阅读了许多学术著作，做了详细的笔记。

1986 年，我第一次出省讲课 —— 北京市丰台区右安门第一小学的张光璎老师请我去上课。我讲的是《飞夺泸定桥》。当时张光璎老师的妹妹、海淀区教研室主任张光珞老师也带了人去听课。北京，历史悠久，文化积淀深厚，北京的老师向来都是接待外地的老师去听课。我一个山中小城的老师来这里讲课可不是闹着玩的。我紧张了一天一夜，又有点儿初生牛犊不怕虎的勇气。既然做了精心的准备，讲就讲，放开了讲。结果两节课讲下来，张光珞老师就把我拉到了海淀，再给他们讲。我知道，大概这一炮又打响了。自此，我走出了河北省，又先后应邀到河南、陕西、天津、内蒙古、江西、黑龙江等地去讲课。

别人的课越听越多，自己的课也越讲越多，我心里犯嘀咕了，总觉得我们的课讲起来怎么跟理论著述上说的有点儿对不上号。书上说:“教学的主要目的之一是发展学生的智力。但是机械地获得的知识是同发展智力无关的。”“教师教任何功课（不限于语文），‘讲’都是为了达到用不着‘讲’。换个说法，‘教’都是为了达到用不着‘教’。”连老外都说:“在绝大多数情况下，数学教师和语文教师在一节课上要讲的时间，不应超过 7 分钟，让学生通过自己的努力去理解的东西，才能成为他自己的东西，才是他真正掌握的东西。”可是我们是怎样讲课的呢？ 40 分钟的课有的老师要讲 30 多分钟，有的整节课都在喋喋不休地问答。这怎么叫让学生“通过自己的努力”去获取知识、技能呢？有一个阶段，这些问题把我憋得好苦。

究竟怎样教学生学语文呢？渐渐地，我发现学生喜欢读书，他们更喜欢那种抑扬顿挫的有感情的朗读。既然学生喜欢，我在课上就让他们敞开去读。结果一段时间下来，学生的语文学习出现了意想不到的变化。他们说话不结巴了，写作文句子通顺了，连错别字都少了，真是怪极了。一看书，人家早就说过了:“阅读是学生掌握阅读技能的最主要标志。”“许多学生之所以不能掌握知识，乃是因为他还没有学会流畅地、有理解地阅读。”再想一想，我们讲课，布置作业，说来说去都是为了一个“考”字。为了考，让学生死记硬背；为了考，顾不上学生其他方面的发展。可书上也早就说了:“学校的职责不限于传授各种知识，培养各种技能以及发展智慧能力，学校更负有促进与指导人格发展与心理健康的主要职责。”原来，我们好多习以为常的想法和做法是错的！怎么办？没说的，只能改！

1989 年，全国召开 1949 年以来第一次带有大赛性质的小学语文教学观摩会，当时我阴差阳错地被作为特级教师邀请去为大会做“示范课”。我暗下决心，在这次大会上，讲课一定要少讲少问多读，让学生在读中理解、读中感悟、读中体会情感、读中受到思想的熏陶。结果讲课获得成功，掌声经久不息。华中师范大学教授、全国小学语文研究会的学术委员杨再隋老师后来评论说:“支玉恒老师把读的功能发挥得如此淋漓尽致，让汉语教学的魅力展现得如此多姿多彩，实在难能可贵。”“为当时从一讲到底到一问到底的语文课堂教学，送来一股清凉的风。”广西小学教育研究中心的黄亢美先生也说“自此全国很多地方兴起了‘支氏品读法’”。

会议结束后，我针对时弊，深思熟虑地写了几篇文章。第一篇是《阅读教学“从整体入手”的方法举隅》，发表在1990年第3期《小学语文教学》杂志上，没想到却由此引发了一场全国范围的学术大讨论。各种期刊发表辩论文章数十篇，历时一年多。第二篇是《反思“带着问题读”》，第三篇是《“带着问题读”的再反思》，第四篇是《“问答式”必须改革》，分别发表在当时的《小学语文教学》和《小学教学设计》杂志上，又引起了新一轮持续一年多的全国范围的大讨论。我很高兴，这反映了小学语文教学领域的沉闷空气已被打破，人们开始关注教学思想与教学实践的改革，但也反映了两种思想正在斗争。

我又想，教学是实践的科学，光在口头上争来争去没有什么实际成效。再说，一种教学思想，一种教学主张，当它没有在操作层面上获得突破之前，是不太容易被人接受的。由此，我更坚定了在教学操作上改革突破的决心。

做人是人生的第一大课题

老师都知道，学生是学习的主人，课堂上应该以学生为主体，让学生多说、多读、多动脑。但是在实际教学中，学生依然是配角。于是，我设计了《太阳》一课，在杭州讲，又受到了极大好评。著名特级教师于永正特意为此写了一篇《小学阅读课堂教学的新突破》，他说“整个教学过程中，老师没有提出一个直接涉及内容理解的问题，全部板书也都是由学生完成。两个教时中，进行单独说话、朗读、辩论、书写、板演的学生有近百人次（据录像统计，集体或小组活动未计在内）”。“的确，语文教学负荷太重，承袭太多，要突破‘模式化’的框框，实现学生学习方式的转变谈何容易！突破，首先是教育思想上的突破，变教师为主为学生为主。”（杨再隋语）读了这些话，我更坚定了方向。

特别值得一提的是，在这一阶段，我得到了许多老前辈的扶持与帮助，他们为我做出了做人的榜样。首先是斯霞老师。1998年，上海S版教材举行教材教法研究会，请我到上海去讲课，当时已年近90的斯霞老师也应邀到沪参会。斯老师听了我讲的《太阳》，课后特意找到我，跟我谈了一个多小时。斯老师肯定了我的课，也给我指出了今后应该注意的问题。她说："你以后再讲课我还去听！"不久她就应邀参加了广东顺德的教学会。在会上，她又听了我讲的《高粱情》一课，仍然对我进行了谆谆教诲。斯老师从早上第一节课开始，一直到下午散会，始终端坐在会场，认真听课做笔记。她说："我最喜欢听老师们上课，最喜欢听大家讨论教学了。我要好好学习。"有一天晚上快11点了，我外出归来，见斯老师一个人在宾馆走廊里走来走去。我很奇怪，问斯老师怎么了。斯老师示意我小声一点儿，轻轻地说："我今天老是咳嗽，等同屋的老师睡着了，我再进去。不然我咳嗽得人家不能睡。"听了这话，我顿时感到全身的血液在涌动。这是一位近90岁的老人啊，连咳嗽一声都怕影响别人，多么令人肃然起敬！做人，这是人生的第一个大课题，斯老师正是有了这样的人品、人格，才有了辉煌的教育成就。第二年，江苏省为斯老师庆贺90大寿，斯老师特意给我发了邀请函。我还与斯老师全家合了影，没想到这以后再也没见过老人家。

在我的一生中，袁瑢老师也是我做人和教学的楷模。1982年夏，我随河北省组织的教育参观团到南方学习。这天要到上海市实验小学听殷国芳老师讲《赤壁之战》，但上课的却是年逾花甲的袁瑢老师。原来当天殷老师的婆母病危，已退休的袁老师不愿让从全国各地赶来听课的老师徒劳往返，心中失望，不愿让殷老师心怀愧疚，也不愿让病危的老人心中不安，更不愿耽误几十个孩子上课，便毅然重执教鞭。虽然袁老师也参与了殷老师的备课，但谁都知道，临时拿书上课不但很难，而且有风险。结果袁老师上课如行云流水，举重若轻，让我这个第一次见到她的人心怀崇敬，崇敬袁老师的教艺纯熟，崇敬她博大的爱心。后来她听了我的《第一场雪》，紧接着在洛阳又听了我的课，每次都与我促膝长谈，提出了很多中肯的意见。洛阳会议结束后，大会安排我的老伴儿和女儿与袁老师同行，送她回上海。到上海后，袁老师执意让她们母女住到她家中，时间长达一个星期。每天晚上袁老师都给她们画好第二天出门游览的线路图，注明车次、上车地点、中转地点、下车地点。第二天一早就起来给她们做好早点，吃完饭，又亲自送她们到第一个上车点，下午又早早地到终点站等着带她们回家，天天如此！ 20 世纪 90 年代中期，有一次我和袁老师等几位老前辈去黑龙江牡丹江讲课，没想到遇到了洪水，火车被迫停在半路。带路的牡丹江的李守仁老师急得像热锅上的蚂蚁，我们心中也很慌，但袁老师镇定异常。她说："没什么大关系，人生下来谁不遇到几次考验。我很好，倒是你们要沉得住气，心一慌就乱套了。"我受到了很大的震动和鼓励。后来我去江西瑞昌讲课，返程时，正赶上长江决口，潮头就在后面追着汽车，从后视镜中可以看到翻滚的浊浪。车上人都很惊慌，怕我这位请来的客人被水卷走。我知道，我要是稍显惊惧，全车人都会手足无措。于是，我就像当年袁老师那样稳坐不动，还和他们开玩笑。司机情绪稳定了，沉着地飞驰。因此说袁老师给我的教诲，绝不仅仅是教学上的。

杨再隋老师也是我教学生涯中非常尊敬的一位导师。他对我教学上的指导，由于过多，过于具体，这里无法一一述及，只讲杨老师教训我的那一次。有一次在湖北天门讲课，课前一位著名教授告诉我上阅读课也要读写结合，最好让学生写一写。我很为难，课里没有这样设计，教学步骤环环相扣，从哪里挤时间呢？但又一想，第一，读写结合确实很重要，应该有所体现；第二，加上写作会使课堂添彩，获得好评；第三，我是头一次到天门讲课，这里是"状元之乡"，应该给学生留下好印象；第四，专家特意叮嘱，他又在台下第一排听课，不改一改，人家会不高兴，对我今后也没好处。于是上课时我就做了临时调整，老惦记挤时间。结果每一个步骤都没有做到位，作文也没有写好。下课后，杨老师把我叫到他跟前，我只好据实以告。杨老师毫不客气地说："上课就是上课，哪来那么多的私心杂念！没有周密计划，没有精心设计就胡讲一气，这是不负责任！不要以为自己上课比较灵活，就可以随心所欲，改得这样不伦不类，算什么！"杨老师的话像当头棒喝，一下子让我无地自容，也让我清醒。我为了人情面子，为了自己所谓的"添彩"，为了让人家说好，为了讨好专家，竟然拿教学当儿戏，拿学生当儿戏，我陷入了深深的自责中。从那以后，我努力克服浮躁，克服功利心，时时刻刻不敢忘记"责任"二字。

返璞归真去浮华

2000年以来，国家提倡学习方式的变革，特别提倡了“自主、探究、合作”的学习方式，新一轮的课改开始了。但是由于对课改精神理解的偏差，在不少方面出现了重形式轻内容的倾向。例如，实施“自主、探究、合作”的学习方式时，有的老师认为只要上课就要分组讨论，学生面对面围坐在一起，你一言我一语就算探究合作了。针对这一形式主义的倾向，我又设计了《难忘的启蒙》《宇宙生命之谜》等几课。我力争学生在分组时人人任务落实，防止滥竽充数现象发生，使每个参加讨论的学生都有事可干，有话可说，让每个人的学习都对本组集体探究的成果负责。这样，课的形态变了，但自主学习、独立思考的基本学习规律没有被打破，而是被纳入了合作探究的氛围中。杨再隋老师评价说：“从变革的角度看，教学《难忘的启蒙》一课给人的印象更为深刻……支老师以自己独有的教学范式诠释了课程改革的新理念，突破了当今语文教学中的许多思维定式和课堂教学模式。”

这些年，教学交流在全国普遍铺开，一些教学竞赛也促进了教学研究的开展，这就免不了要上许多公开课。公开课、竞赛课的广泛兴起，使广大教师增加了学习借鉴的机会。但是，由于公开课本身的公开性、竞赛性，就免不了给公开课涂上功利的色彩。因此，出现了许多不正常的现象。有的老师上公开课不是在给学生上课，而是上给听课的老师看；上课时关注的不是学生收获了多少，而是自己出了几次“彩”；上课时不把课堂看成学生学习成长的圣地，而当作了展示个人所谓才华的场所。这样一来，上课时哗众取宠的有，卖弄才情的有，生拉硬扯的有，放任自流的有，不一而足。虽然为数不多，但由于公开教学的公开性，“名师”效应的扩散性，其危害不可低估。看到这种情况，我心痛不已，应邀参加了《福建教育》举办的网上讨论“语文教学的返璞归真”。作为主讲人，我讲了近三个小时，回答了十个重点问题，又写了《洗净语文课堂上的浮华》一文，在《人民教育》杂志上发表，希望能起到哪怕很微小的作用。

总之，几十年来，我在小学语文教学这块阵地上一路走来，没有迷失自我，没有迷失方向。这是由于我时刻记得教师的责任，记得小学语文教学的宗旨，虚心向老前辈学习，先做人后教书，使自己直到现在，还觉得对得起自己。

（本文刊载于《人民教育》2008 年第 7 期，有修改）

我是智障者

我没有检测过智商，但以下这些表现，让我不得不承认自己是智障者。

1. 对数字、数学公式，我无法感兴趣，也根本记不住。读书时数学成绩总是不好，到了初中，代数根本一窍不通，学不进去。当年，我的代数作业和考试，全凭一个叫杨在义的同学捉刀代笔，竟也蒙蔽了老师三年。

2. 电话号码如果不抄在本子上，就永远拨不对号码（现在手机里有了电话簿，就帮了不少忙）。记银行卡密码永远是老伴儿的责任。

3. 老伴儿在银行搞理财，那些数字、程序我根本搞不懂。所以老伴儿说："我黑你多少钱你也不知道！"

4. 我不记得道路，弄不清方位。自己搬了家，如果不用几天时间来熟悉路线，准会走错楼，上错楼层。去探亲访友，如果周围环境、楼栋相似，即使去过多次，也照样找不到。在楼下转来转去，最后只得打电话叫人家下来接（架子不小）。

5. 北京，我去过无数次，但除去天安门、王府井自己会坐公交车找到外，其他地方只能靠出租车（现在再去北京恐怕连北也找不到了），广州更不用说。

6. 有一次去天津讲课，我一出门就迷了路。晚饭后出去散步，没走五分钟就找不到回宾馆的路了。来回转了两个小时，还得打出租车，又忘了宾馆叫什么名字，弄得司机哭笑不得。所以我挺佩服靳家彦老师，他在天津住了六七十年，竟然到现在还安然无恙。

7. 我 1994 年就买了电脑，但对我来说，它就是个打字机。我打字很慢，到现在一分钟也打不了 20 个字。我不会排版，不会打表格，不会打印，写文章就得让孩子们帮忙。

8. 我上网只会看看新闻、发发邮件、查查百度，不会玩博客、微博（网上有一个署名是支玉恒的新浪博客，还有一个微博，都不知是什么人冒名做的，我一个字也没写过。我去派出所举报过这件事，人家说管不了）。

9. 手机，原来我只会用它打打电话、发发信息。有人说："没想到你还会玩微信！"要知道，为了学会使用微信，我下了不少功夫，学习了好几天才慢慢地一样一样地逐渐熟悉，到现在在使用过程中还常出状况。有一天，我已经在微信上打好了一大篇文章，结果不知怎么弄的给误删了，只好从头再打。多亏我的手机可以用手写汉字输入，不然根本弄不了微信。

10. 我教语文，所以对汉语拼音还算熟练，但英语那 26 个字母怎么也记不全，读也读不准，老和汉语拼音弄混。初中时我学的是俄语，但学了三年只记住两个单词 —— 面包发音近似"黑脸伯"，纸发音近似"布麻疙"，还不会写。

在这些事实面前，我真感到汗颜。

回忆懵懂少年时

小学的事我记不太清了，只记得每学期老师给我写的操行评语都是“聪明、活泼、调皮、捣蛋”几个字。上了中学，我继承了这一“优良传统”。

有一次上课时，有同学在下面说话，老师以为是我在捣乱，就罚我到讲台旁站着。我含着一股怨气，站在那里挤眉弄眼出洋相，逗得全班同学哄堂大笑。老师发现了，让我站到墙边面壁。我就把脸贴到墙上蹭来蹭去，同学们又笑。老师问我在做什么？我一回头，满脸都是墙上的白粉，只能看出两个黑眼珠在滴溜溜地转，同学们笑得更厉害了。老师又气又笑，让我站到墙角去。我就跨步站在墙角的废纸篓里，全班又是大笑。老师问我为什么偏偏站在纸篓里？我很惭愧地说：“您让我站到墙角，我不进纸篓不是墙角呀！”结果这堂课就这样在快乐的笑声中结束了。这只是我捣蛋的一个例子。

上中学时我迷上了踢球，但没有球呀！我就把一条毛线长围巾团起来和大家踢，但是它没有弹性。于是我就和另一个球迷秦玉玺商量了一个办法：我拿在学校食堂入伙的八元钱伙食费买了一个足球，秦玉玺不入伙，天天给我带饭，这样我们就可以天天快乐地踢球了！但是，秦玉玺只能给我带午饭，晚饭就没得吃了。我只好下午回家装作吃过了再吃点的样子吃饭。家里人发现我狼吞虎咽的样子，就怀疑学校老师不让我吃饱。妈妈找到学校后才知道我这个月并没有入伙。她又气又心疼，没办法，天天还得让我带饭。秦玉玺也获得了“解放”—— 他家人怀疑他每天带的午饭太多，天天盘问他呢！

我初中上的是张家口市第三中学，学校紧临大清河。河上有座桥，直通桥东的鱼儿山。我和几个在学校吃饭的同学，吃完午饭就过桥去爬鱼儿山。但是我们不走桥面，而是在桥栏杆的顶上走。桥有 100 多米长，栏杆顶有 20 厘米宽。我们就像运动员玩平衡木一样，天天在这离地面至少有八九米高的桥栏杆上走来走去。路过的行人都不敢看我们，也不敢跟我们说话，不敢劝我们别这样走。

还有的时候，吃过午饭，我们就出校门，跑步去几公里外的水母宫游泳。到水池边，脱下裤子，把两个裤角系死，裤腰朝下往水面上一扣，裤子就鼓了起来，变成了救生圈（那时穿的都是没有开口的大裤腰中式裤子）。游得差不多了，再穿上湿淋淋的衣裤往学校跑，跑到学校衣服也干了，正好去上课。所有的这些“活动”，父母是绝对不知道的。但我现在想起来，那么高的桥，那么深的水，非常后怕。

在初中这三年，我打下了体能基础，所以 1956 年我以学科、术科全部免试的资格进入了河北省体育学校。

我的老伴儿

我给我的老伴儿郭珍翔起了个“雅号”——锅真香，因为她善于做出非一般的美味家常饭。

她最拿手的是烙馅饼。馅饼皮薄馅大，油花闪烁，咬一口，满嘴香，很多到过我家的朋友都吃过。成都的青年特级教师王莉一口气吃了五张，手揉着肚子说：“还想吃！”

她擀面条也是一绝。她特别注意和面、擀面、切面、打卤四个环节。面条出锅、浇汁后，又长又韧，细若火柴棍，不黏不坨，顺滑爽口。1999 年，我在广东过 60 岁生日，几乎全校的老师都吃了她做的长寿面。广东人本来不爱吃面条，但那些老师吃完一碗后还要一碗。

还要提一下的是，她会推莜面窝窝。莜面窝窝是山西一带的特产面食。她把一小块和好的莜面用手掌根部在案子上推成薄片，然后用食指挑起，一转一抖，就卷成了一个小小的莜面圆筒。一排排的圆筒整齐地被码在笼屉里，一寸左右高，齐刷刷地立着，像是蜂窝，所以叫莜面窝窝。吃的时候再蘸上口蘑炖肉末儿，那是端起碗来就不想放下。

老伴儿今年六十有七，身体还好。她去医院检查，凡是能检出的指标都正常，如转氨酶、肝功能、肾功能、血压、血脂、血糖，等等，但是从颈椎、胸椎、腰椎到骶椎、尾椎，都有毛病。特别是腰椎，不但间盘突出，椎管狭窄，还有囊肿，压迫神经从坐骨到脚后跟都疼，睡觉也疼，却没有好办法治疗。贴膏药虽然管点儿事，又因皮肤过敏不能用。好心的邻居的女儿在日本工作，不断地送给我们日本膏药，贴上就不过敏了，但总靠人家送也不是办法（我很奇怪，咱们国家都能造卫星、火箭了，就不能造出不过敏的膏药吗）。

现在老伴儿想通了，每星期去做两次按摩和推拿。有一种针剂叫“骨密达”，专治骨质疏松症，一年注射一次，一次 1400 元，但医院里都不进这种药（说是价格太高，一般病人用不起），每次注射都得提前和医院联系，申请进药。前年和去年已经注射了两次，今年正在申请，已经半个多月了，还没有申请到。这种病要不了命，但是非常折磨人。

因为老伴儿腰腿疼痛，她坐也坐不了一个小时。有时她和儿孙们玩牌，老得站起来，走一走。这就让孩子们提高警惕了，开玩笑说她站起来是想偷看他们的牌。她坐飞机总是要坐在靠过道的座位，坐一会儿就得站起来在过道上走动走动。这引起了空姐的注意，以为她有什么不轨图谋，就上来盘问。后来在机舱最后一排给她安排了三个空座，让她躺下。

有人劝她多活动，她就开始去跳广场舞。说来也怪，这样反而比静养舒服，从此她就乐此不疲了。那几年，每天晚上我开车送她去海边广场，她跳完后再接她回家。看她随着音乐伸伸胳膊蹬蹬腿，摆摆屁股扭扭腰，还蛮有韵致。她的舞技进步神速，不久就成了广场舞“领袖”，被推举站在最前排领舞。但好景不长，过了一年多，她因为腰痛加重就自动往后挪位了。到现在每天还去跳，但只能站在最后一排充充样子。可怜啊可怜，她就因为身体缘故，连跳跳舞活动活动也不成了；可叹啊可叹，但也无奈。可见天下事事不由人！

结婚不易，“离婚”也不易

我的结婚和离婚，正像标题说的，都不易。婚总算是结了，可离婚却失败了。

“文化大革命”期间，我因为口无遮拦，说了江青一些坏话，被打成“反革命”，所以年近三十了还没有哪个女同胞敢招惹我。

后来一个叫郭珍翔的机械厂女工，敢于冒天下之大不韪和我在那个特殊年代谈起了恋爱。可是到张罗结婚时，却遇到了麻烦。

那时，结婚的双方需要开一个本单位的介绍信才能到民政局领结婚证。可我是个“臭名昭著”的“反革命”，学校不给开这个介绍信。我去找学校革命委员会主任（那时校长都下台了）开证明。这位主任正巧在妊娠初期，她忍着恶心呕吐对我说：“‘反革命’还结什么婚？不但要坑害一个革命群众，还要给伟大祖国再制造‘小反革命’吗？”我把“三寸不烂之舌”说烂了，还是不行。直到主任的小孩呱呱坠地了，我的介绍信还是没开出来。

后来我灵机一动，想到了那时驻学校的“工宣队”，于是，我去找了工宣队队长，和他述说了原委。队长说：“革命是革命，结婚是结婚，两码事！”可学校那位主任还是不答应，硬是把郭珍翔找去要教育教育。主任问她：“支玉恒是‘反革命’，你知道不知道？”郭珍翔说：“我看他不像‘反革命’，连只鸡都不敢杀，他还敢杀人放火？只要他不反对我和我娘就行了。”弄得主任满肚子革命道理就是讲不出来。

工宣队队长在旁边说：“算了，算了。”于是主任拿起笔来写了一张介绍信：“我们学校的支玉恒和机械厂的郭珍翔要结婚，让他们结去吧！”我们怕再有变动，赶紧拿着介绍信去领了结婚证。

1969 年 8 月 30 日，主任在学校召开了批斗我的大会，第二天我就请假举行了在当时来说“十分隆重”的婚礼。

学校的几位老师买了两个木板凳，走到胡同口派了一个胆大的老师给我偷偷地送到家里，其他几位站在一百米外的胡同口与我招了招手就回去了。他们害怕给“反革命”送礼会受到牵连！机械厂倒是来了不少工友，喝得昏天黑地。

婚后，虽然各方面条件都很差，但是我们相处得还算平平静静、和和睦睦的。

1975 年大年初五那天，按照当地习惯夫妻应该到亲朋好友家拜访。我主张去几个体校毕业的同学家，夫人却要去她厂里的工友家。两人相持不下，不知怎的她就像年轻人那样说出了：“走不到一块就离婚，咱们各走各的。”我说：“离就离！”结果说走就走，俩人一块去了法院。

大年初五是上班头一天，法院办公室里的两个人正在喝茶，见我们进来怪模怪样地东张西望，就开玩笑地问：“你们找谁？大过年的也不带点礼物来。”我站在夫人身后笑着说：“问她吧，我不知道。”夫人没好气地说：“离婚！”人家问为什么，她说“脾胃不和”（她当时可能是想说“脾气不合”）。

法院的人一听，就笑了：“脾胃不和？那你们不去医院，来法院干什么？”我躲在她身后憋不住地笑。法院的人说：“回家去买一盒香砂养胃丸，吃了就好了！”我赶紧笑着跑出了办公室，法院的两个人也笑了。回家的路上，正好路过一家中药店，我态度非常诚恳地问她：“要不要我去给你买一盒香砂养胃丸？”夫人一瞪眼：“滚远远去！”我二话没敢说，快步滚回了家，烧开一壶水，沏了两碗茶，夫人悻悻地回来了。正在这时，同校的马司光老师来了，此君平常就爱说笑话，他的夫人是医生。马老师知道情况后，十分遗憾又有点儿抱怨地说：“怎么不早说？我家孙医生专治各种脾胃不和，什么消化不良、跑肚拉稀、大便干燥统统手到病除，连你肚里的蛔虫也给你打扫得干干净净！”我听了早就钻到墙角里大笑不止，夫人也笑了 —— 她的“脾胃不和”，被“马医生”“话到病除”了。

结婚四十多年来，我们有过一个月扣去借款后只领到一角一分钱工资的日子，有过因两个孩子一块住院而贫病交加的打击，有过因我几次病危而提心吊胆的不安……但是，总的来说好日子还是多的，欢乐还是多的。

这些年她跟着我到处走，照顾我的饮食起居，同时也游历了长城内外。2019 年我 80 岁，我们结婚 50 周年（金婚），届时我打算邀请各地的好友来共同享受快乐 —— 但愿我能活到那一天！

养儿育女的欣慰与伤痛

我们有一女一儿。女儿出生于1970年6月30日，那天天空中流云飞渡，地面上轻雾升腾，因此我给她起名“霭飞”。这孩子从小性格温顺，上学后对数学反应有点儿慢，但也以较好的成绩考入第十中学。

她升初二时我们搬家了，离中学很远，道路也偏僻，只能转学。糟糕的是她的新班主任是英语老师，而霭飞原来学的是俄语，再学英语等于零起步。为了维护本班的英语成绩，这位教英语的班主任给霭飞布置了相当严酷的任务，规定她除了必须掌握新授的英语课程外，还要自己补上一年未学的英语内容。更可怕的是，霭飞每一次上完英语课，都得到办公室给英语老师背诵英语课文，背不出来就被罚到操场跑圈，于是，她只能上其他课时悄悄地背英语，结果不但英语课文背不踏实，其他课程无法学好。这不是在上学，而是在受折磨。我也是老师，知道老师应该善待学生，可我的孩子却在受另一个老师的伤害！

我当时正在北京的中央教育行政学院（现名国家教育行政学院）学习，有一天，接到了女儿的来信：“爸爸，您回来救救我吧……”信纸因泪渍已经干缩。我当下请了假，回到家才知道了上述情况。我直接找到校长，流着泪忍痛给女儿办了离校手续，离开了这个让她寝食难安、苦泪沾襟的学校！好在她还有志气，终于学有所成。但后来她又紧跟着下岗失业，暂时未能有一个安身之所，当时只好跟着我云游天涯。

现在，女儿在威海开了一家眼镜店，当上了小老板。她先去北京学习了有关验光配镜的理论和技术，又在张学伟老师的帮助下，去丹阳眼镜店学习了验光、配镜和营销方法。现在门店开得很好，一家人都很欣慰。

儿子名霭澍，生于1973年5月21日，亦因是日恰降小雨，犹如一女之后又得一子，像是及时雨，因此起名曰澍（“澍”即及时雨也）。

但这个孩子自幼体弱，她妈妈没有奶，无奈之下雇了一个奶妈。奶妈是一个农村妇女，有一个三岁小孩。她的奶水本来就是“强弩之末”，因此过了几个月，我们发现霭澍越来越瘦，抓什么东西都吮吸不止。岳母是过来人，产生了疑惑，一调查发现原来奶妈又怀孕了，奶水已经干涸，但为了挣钱隐瞒不说。我们只好抱回孩子，给他喂牛奶，但这个小家伙坚决闭口不吃。我当时正因十二指肠溃疡出血在家休息，就拿一根医用鱼肝油的吸管，一天 12 小时不住地吸上牛奶一管一管地往他嗓子眼里挤。没到一个月，小家伙就习惯了牛奶味。但是随着他逐渐长大，牛奶喝不起了。当时，杂货店里卖一种每斤 5 角 6 分的饼干，我们把饼干碾成碎末用水泡在奶瓶里，再兑上一点儿牛奶喂他吃。孩子刚一岁多一点儿，每次给他碾碎饼干时，我们不知道有多少眼泪滴在那米黄色的碎末里，也不知道小霭澍在猛吸那饼干面糊时，尝没尝出父母眼泪的酸涩味儿？！

不久，祸不单行，两个孩子全病了。霭飞患上了病毒性痢疾，拉得脱了水，住传染科病房；霭澍不但患上了喘息性肺炎，而且贫血、心力衰竭、漏斗胸，住小儿科病房。霭飞住院一个星期就好了，而霭澍在输液、输氧、打针、吃药后却始终没有好转。医生说还得输血。一检测我们的血液都不行，花钱又输不起。学校的郝庭栋老师挽起袖子说：“我是 O 型血，输我的。”就这样，郝老师的 100 毫升血流进了霭澍的血管里，但霭澍的病情仍不见起色。抱起他时，他的头和脚都耷拉着。我们打算去北京看病，但当时去北京看病得先由首诊医院开证明，再到省会石家庄开证明，这样一来就把孩子折腾死了。不行，我们打算直接去！但医院不让出院。我们只好签署了“自动弃医，医院概不负责”的协议，抱着孩子直奔北京儿童医院。一进诊室我马上对医生说：“我们来不及去省里开证明了。”40 多岁、戴着眼镜的医生气愤地说：“孩子病成这样就是证明！”我永远不会忘记这位善良的医生。为了给孩子去北京看病借了朋友贾春 200 元钱，我们节衣缩食用了 5 年才把这笔钱还上。

现在霭澍的身体很结实。他学了一手极好的驾驶技术，有最高级别的驾照，在运输公司开长途大巴，经常在大江南北驰骋，没出过什么事故。

两个孩子从小长大都不易，现在都已是中年人了，都恭顺、孝敬，可慰我夫妇老怀！

搬　家

我们结婚后最初的家，是租住的一间近8平方米的私人自建小土房。但只住了一个月房主就要赶我们走，因为我老伴儿怀孕了。房主说："宁留出丧的不留红床（生小孩）的。"于是，我们只能借住妹妹家，同时赶忙去找房产科申请房子（那时还没有商品房），但是一直杳无音信。

老伴儿怀孕七八个月后，我几次去房产科找人都没有结果。眼看快到预产期了，我只好带上挺着大肚子的老伴儿去房产科。我说："孩子再过几天就要生了，你们再不给房，我们就到你们办公室来生。"这一招果然有效，第二天房产科就通知我们，房子有了，在下东营。这是一间宽2.5米、长2米的小房，阴暗潮湿，土墙土地，四周墙皮均已疏松剥落，屋顶上两根木棍架着十几根更细的棍儿，上面铺上草帘，再抹上黄土掺石灰，就算挡雨的屋顶。屋内搭上木板为床，地上就只剩下半米宽的一条过道了。好在我们没什么家具，在院里垒了一个炉灶做饭。房租每月三角（但从来没有人来收过，大概是不值得跑路），我们就这么勉强地住了四年，生了一女一儿。

后来，长征小学的冯守业校长看我们可怜，动了恻隐之心，让我们搬到学校的一间空房去住。搬家时我们用一个手推小木车，放上几块木板（搭床用）、两套被褥、几件衣服、几件餐具（这就是当时我们家的全部资产），一车就搬完了。

1978年，女儿8岁，儿子5岁了，我被调到重点学校建国路小学"充实重点"。校长邹万荣专门为我在校园一角盖了两间砖瓦房。这次搬家很有排场，邹校长借了一辆卡车，我们的家当放了小半车，更多的物品是老伴儿厂里刚分的一堆煤，从此我们住上了"有我以来"最大的房子（30平方米）。

也许是因为教学成绩好，1982年，教育局为我分配了一套住房，位于五楼，两个小居室加一个过道约35平方米，但是一个多月不通水电。电好办，自己拉一根线接上，灯就亮了；水就得每天往返五楼挑。尤其是煤，一年四季都得往五楼搬。这次搬家我有了大衣柜、写字台和其他几件家具，还是邹校长借汽车一次送来的。

三年后，教育局自建了宿舍，都是平房，共十排，分给我整个第一排，有一个小院、三间房，院里还有一间厨房，我又盖了一间放煤的仓库。没过多久，有人在平房的旁边盖了一座五层楼房，正好挡住了我们平房外的阳光。为了补偿，他们又给我分了一套三居室（我退了两间平房）。楼房面积不大，只有 50 多平方米。我买了一套整面墙的组合柜，又做了另一间屋子的组合柜和一个 1.2 米宽、2 米多长的壁挂式书架。朋友帮忙做了一张钢管双人床和两张单人床，又给女儿做了梳妆台（她当时已经 16 岁了），还买了彩电等电器。

1993 年，我举家南迁广东时，这些家具、电器、锅碗瓢盆都无法带走，只好送人了。后来，从广东迁到山东威海期间，我们又搬了 12 次家。可见我这一生颠簸动荡，始终处在艰难之中。直到 60 多岁才稳定下来，安居乐业。值得欣慰的是，时代在进步，时代中的每个人尽管所遇境况不同，但只要努力，还是有希望的。

病床上的打油诗

2000年4月3日，我在广东顺德，早上一起床就感到胸闷、胸痛、头晕、恶心、浑身冒冷汗，服硝酸甘油无效。医生确诊我为心梗，严令必须卧床，即便是大小便也不许起床。我身体稍好了一点儿后，连晒太阳、出去透气都得坐轮椅，为此我给护士写了一封“信”：

医生严下禁行令，妻推轮椅结伴行。
劳碌一生今安享，闭目神思福不轻。

护士把这封“信”拿给医生看，这封“信”成了心血管内科人员谈论的话题。

随后，医生要给我做一个动态心电图——把仪器固定在身上，监测24小时的心脏活动及心肌缺血状态，并让我写下每个时间节点和每次活动后的感觉。晚上我坐在床上看窗外的夜景，写道：

霓虹溢彩桂洲城，车灯疾速像流星。
池中光影点点密，莫非天河落水中？

记录睡眠情况时，我写道：

今日春眠好梦长，不觉东方现曙光。
若非个把蚊虫咬，醒来恐已尿遗床。

上完一次厕所，我写道：

如厕一次心跳快，用完手纸起不来。
回到床上又见好，今日不死且开怀。

医生看了这些记录，完全不符合他的要求，叹气道："这个人不可救药！"但这些"记录"却成了大家传看的"奇文"。

临出院前，我给医护人员买了一些糖果，并附了一张纸条：

入院窗外木棉红，倏几新叶绿葱茏。
医护仁心兼仁术，教我沉疴获再生。

我用木棉树的花叶丛生表达了生命的变化和康复的欣喜之情。

到了 2005 年 1 月 10 日，我又一次因心梗入院，医生做冠状动脉造影，看到三个分支都有堵塞，最严重的已达 99%，认为必须做心脏搭桥手术。晚间我给北京的吴琳老师发了一条短信："明天上午我要做心脏搭桥手术，希望不久之后能再见！"吴老师非常关心我，回短信给我："您要坚强，支老师！我在千里之外为您祈福。"我回复她：

半生风雨未知秋，小疾无奈老黄牛。
不日轻装重挽辔，扶妻携子信天游。

吴老师又回复：

万家灯火不夜天，无心驾车泊花间。
试与支老共一曲，笑看老牛卧枕边。

吴老师知道心脏搭桥手术的风险，我怕她担心，又给她发了一条短信：

开胸撬骨，心怀更加敞亮。
体外循环，品尝另类风情。
心搏停止，暂且休息片刻。
割管搭桥，无非引线穿针。

并说："上天如若唤我，全麻中不觉而去，也算潇洒走一回。"

吴老师把我讲过的课编成诗鼓励我：

一觉醒来，改版《第一场雪》。
胸有心桥，再绎“给予快乐”。
支老不老，重塑“伟大友谊”。
小语后生，共念“难忘启蒙”！

第二天要做手术了，我躺在病床上辗转反侧，索性坐起来又写了一首七律打油诗，以作纪念：

一生风雨未彷徨，小恙何奈老夫狂。
开胸不过七寸口，搭桥只需三根梁。
上天趁便陪父母，入地权当访家乡。
不日轻骑重挽辔，天南地北马由缰。

手术后醒来得知，医生开胸后发现三个桥已不足以救我，故增加为四个桥。我想，这是叫我四通八达、四平八稳、四大皆空。何其好也！

我一生的疾病磨难

我从生下来就注定是一个屡有磨难的人。

我有两个姐姐、一个哥哥。可是哥哥两岁时夭折，家中只剩下我一个男孩。我两岁时，父母为保住我这根“独苗”，忍痛把刚刚出生的妹妹寄养到乡村，好让我吃奶。过了五岁，我渐渐学会开口说话，大人们才松了一口气。

然后是上学念书，还算顺利。但到了 1953 年，14 岁的我忽然得了脑脊髓膜炎，在家昏睡了一天，被家人送到医院后仍然人事不知，大小便失禁。医生抽了脊髓，做尽了各种化验。我住院十天，昏睡了七天，出院后虽然能说话了，却仍然不认得亲人。因此我休学一年，初中上了四年。

初中毕业后我顺利考入河北省体育学校，体质也好起来了，一直到毕业、工作，都没患过什么大病，至于头疼脑热、伤风感冒、上吐下泻、肌伤骨折，那都算不上是病。

“文化大革命”时期，由于心情郁闷，内分泌失调，我得了消化道溃疡，连续几年大便检验的结果都说明消化道出血。医生用尽了手段，也止不住我刮肚挖肠般的疼痛，每次去医院只能打一针哌替啶为我解痛。

终因身体缘故，我 38 岁时改教语文。虽然工作劳累、繁忙，身体却越来越好。没想到 1989 年 3 月，我连续两次因脑血栓住院，第二次发展为脑栓塞，住院近半年，左半身瘫痪，不能下床。多亏老天保佑，后期能下床步行了，而且没留下后遗症。9 月份出院时，人已瘦得皮包骨头，但 10 月份就去成都讲了《第一场雪》。那一年我 50 周岁。

1999 年，我在广东突发冠心病、心绞痛，被送到医院。护士测不到血压、脉搏。医生紧急会诊抢救，我总算又活了过来，坐了七八天轮椅后出院了。那一年我 60 岁整，到年底过了生日，家乡的妹妹帮我办好了退休手续。2000 年，我举家搬迁到山东威海。

过了五年蓝天碧海的好日子，旧病复发了，2005 年，我又犯了心梗。

医生说要做心脏搭桥手术，必须在全身麻醉的状态下从胸部正中切开一道七寸左右的口子，然后锯断并撬开胸骨，暴露心脏，使心脏停搏，使用机器进行体外血液循环……家人们的脸都吓绿了。手术前我要做全身各脏器、各项生化指标的检查。我就趁那几天没事，突击完成了《支玉恒课堂情趣与智慧》书稿的齐、清、定工作。第二天早上 8 点，手术就要开始了。老伴儿手哆嗦得不能在手术通知单上签字，还是儿子替她签了。而我正躺在手术台上和医生开玩笑。医生拿了一个口罩样的东西，往我口鼻上一扣，说："你别说了！"不久我就什么也不知道了。

术后醒来，医生告诉我，搭了四个桥，因我心肺功能好，手术中心脏并没有停跳，也没做体外血液循环。但是，我发现我的左边小腿内侧有一条 40 多厘米的刀口。医生说那是在小腿割下一条 40 多厘米长的静脉血管，拿来做"桥"用了。用自身血管做桥，可以避免出现排异反应。

术后不到两个月，我就去四川讲了课，还跟四川的朋友刘蕾夫妇一块开车去了红军长征时走过的雪山 —— 夹金山，远望了有名的四姑娘山。

2012 年，我在家乡过春节，不想得了一次痛风，左脚大脚趾又红又肿，剧烈的疼痛令我难以忍受，完全不能下地走路。有一种特效药叫秋水仙碱，但毒性很大，连吃三天就要大泻不止。断断续续吃药休养了一个月，我总算能下地拖着脚行走了，最后还是老伴儿赶到张家口把我接回了威海。

2014 年，应张云先生邀请，我到张家口、呼和浩特讲课。课还没讲，我又犯了心梗（据说，做过心脏搭桥手术的患者最长能活 10 年，当时我已有 9 年）。我到医院立刻被送进了重症监护室，医生给家属下了病危通知书。应医生要求，我把老伴儿从威海请来。住了七天院后，我又奇迹般康复。

回首这长长的七十多年，病痛屡屡折磨我，而且每次都很凶险，但它们都没有使我倒下，我都很快恢复健康。我由此想到，酷暑之后一定是严寒，青春去后必然是老年，幸福后面也许有不幸，若把一切都当作不可避免的，哪怕它有多么可怕或使人觉得不幸，我们都应乐观面对，无所畏惧。

支玉恒教学专著

［1］支玉恒. 小学语文教学文集［M］. 北京：北京师范大学出版社，1992.

［2］支玉恒. 欣赏与评析［M］. 北京：中国文联出版社，1999.

［3］支玉恒. 琢玉：作文百篇评点［M］. 北京：中国文联出版社，2000.

［4］心亘. 支玉恒课堂实录：第一辑［M］. 长春：吉林人民出版社，2001.

［5］心亘. 支玉恒课堂实录：第二辑［M］. 济南：山东电子音像出版社，2002.

［6］心亘. 支玉恒阅读教学方法集萃［M］. 济南：山东电子音像出版社，2002.

［7］支玉恒 . 支玉恒阅读习作典型课例全辑［M］. 北京：中国文联出版社，2003.

［8］支玉恒. 课标教学新录［M］. 北京：中国文联出版社，2003.

［9］支玉恒. 支玉恒课堂情趣与智慧［M］. 太原：山西春秋电子音像出版社，2005.

［10］支玉恒. 支玉恒老师教语文［M］. 上海：华东师范大学出版社，2009.

［11］支玉恒. 支玉恒经典百课［M］. 汕头：汕头大学出版社，2009.

［12］支玉恒. 小学语文课堂教学亮点［M］. 北京：教育科学出版社，2016.

［13］支玉恒. 小学语文 15 课：支玉恒课堂教学实录及点评［M］. 北京：中国人民大学出版社，2017.

［14］支玉恒. 简简单单教语文［M］. 北京：中国人民大学出版社，2018.

有关支玉恒教育教学研究的部分成果

［1］郭珍翔. 支玉恒课堂教学研究评论与质疑［M］. 长春：长春出版社，2015.

［2］施茂枝. 支玉恒语文教学艺术研究［M］. 福州：福建教育出版社，2016.